Thérèse Bentzon

Le Conseil international des femmes

essai

ISBN : 978-1539738817

10 9 8 7 6 5 4 3 2 1

Thérèse Bentzon

Le Conseil international des femmes

essai

Table de Matières

PREMIÈRE PARTIE

Au milieu de l'avalanche de congrès qui a été l'un des traits caractéristiques de la dernière Exposition, il y eut trois congrès de femmes, dont deux officiels, reconnus par l'État : le Congrès des œuvres et des institutions féminines, réuni du 18 au 23 juin : le Congrès de la condition et des droits des femmes (5, 6, 7 et 8 septembre) ; et le Congrès catholique. Dans ces trois assemblées, représentant assez bien le centre gauche, la gauche républicaine, extrême gauche comprise, et la droite intransigeante, Mrs May Wright Sewall, que l'on proclame aux États-Unis général en chef d'une armée de cinq millions de femmes, espère trouver les éléments d'un de ces conseils nationaux dont le groupement forme la grande fédération qui l'a choisie pour présidente.

Elle a mis tout en œuvre à cet effet, créant dans le pavillon américain de la rue des Nations un bureau d'informations permanent, multipliant les brochures, organisant des conférences hebdomadaires sur la puissante association féminine qui grandit depuis des années et dont le public parisien a pourtant découvert l'existence avec surprise. Mais ce public, ignorant ou sceptique, trouvera, tout averti qu'il soit, beaucoup à apprendre encore dans les sept volumes compacts renfermant les « transactions » du Congrès international tenu à Londres en 1899. Recueil de références sans prix que lady Aberdeen couvre de l'autorité de son nom. Il répond par des faits à la question que nous nous posons toujours avec un certain découragement au bout de chaque congrès : — A quoi bon ? — Après avoir feuilleté ces pages suggestives et comme vivantes, on conçoit mieux le bien et le mal qui peuvent résulter du rôle nouveau pris par la femme dans les a II a ires publiques et les raisons qui font que ce rôle sera moins facilement accepté dans tel pays que dans tel autre, encore qu'il s'impose partout.

C'est à Washington que s'organisa, il y a une douzaine d'années, le Conseil international.

La fédération générale, — sous une présidente élue, — de plus de trois cents clubs et. associations appartenant aux divers États d'Amérique, en a fourni le germe. Ayant commencé en 1888, il se

Thérèse Bentzon

réunit, tous les cinq ans. Deux de ces assemblées quinquennales ont eu lieu déjà, la première à Chicago, en 1893, la seconde à Londres, en 1899. La troisième doit être tenue, en 1904, à Berlin.

Le caractère de l'assemblée est exprimé ainsi : « Nous, femmes de toutes les nations, sincèrement persuadées que le bien de l'humanité peut être avancé par une unité plus grande de pensée, de sympathie et de but, et qu'un mouvement organisé par les femmes contribuera d'abord au bien de la famille et de l'État, nous nous enrôlons en une confédération de travailleuses qui se propose d'appliquer de plus en plus à la société, aux mœurs et à la loi, la Règle d'Or : Fais à autrui ce que tu voudrais qu'on le fît. »

Cet idéal une fois posé, les moyens pratiques pour le rendre réalisable furent activement poursuivis. Il s'agissait de procurer aux femmes des différentes parties du monde l'occasion de se réunir afin de discuter les questions qui les intéressent. La constitution fut dressée sans retard ; elle repose sur cette base essentielle : « Le Conseil international ne servira les intérêts de nulle propagande et n'exercera sur ses membres d'autre autorité que celle de la suggestion et de la sympathie. »

Aucun des conseils nationaux demandant à y entrer ne peut donc avoir à craindre d'empiétement ou de pression quelconque sur son unité organique, son indépendance et ses méthodes de travail. Le comité se compose d'une présidente, d'une vice-présidente, de deux secrétaires et d'une trésorière, élues pour cinq ans et formant, avec les présidentes des conseils nationaux fédérés, un comité exécutif dont les deux tiers sont chargés des intérêts généraux du grand conseil international. Dans tous les pays où le conseil national n'est pas organisé encore, des représentantes sont invitées, à titre de vice-présidentes honoraires de leurs pays respectifs, aux séances du Congrès ; celles-là n'ont pas cependant le droit de voter. Toute question, avant, de se produire eu séance, doit être soumise d'abord à l'exécutif ; la cotisation pour chaque membre ou pour chaque association est, tous les cinq ans de cent dollars, cinq cents francs.

Le véritable développement du Conseil date de l'exposition de Chicago. Depuis lors, le Canada, l'Allemagne, la Grande-Bretagne avec l'Irlande, la Suède, le Danemark, la Hollande, la Nouvelle-

Galles, la Nouvelle-Zélande, la Roumanie y sont entrés. Ailleurs, en Italie, en Autriche, en Russie, en Sicile, en Norvège, dans la colonie du Cap et celle de Victoria, l'adhésion complète se prépare. Les déléguées de tous ces pays se groupèrent le 26 juin 1899, jour de l'ouverture du deuxième congrès quinquennal, dans le cadre imposant de l'immense *Convocation Hall* à Westminster. Auprès de ces déléguées se trouvaient les vice-présidentes honoraires venues de France, de Belgique, d'Islande, de Palestine, de l'Inde, de la Perse, de la République argentine, une Chinoise de haut rang dans le costume d'apparat de son pays, de même que les dames parsis et hindoues. Lady Aberdeen, précédée par une grande et légitime popularité, occupait le fauteuil de présidente.

On peut considérer la comtesse d'Aberdeen comme l'une des fondatrices de l'œuvre. Elle arrivait d'Angleterre au Canada avec son mari, gouverneur général, lorsque les dames canadiennes, animées du beau zèle qu'elles avaient rapporté du Congrès de Chicago, la supplièrent de devenir présidente de leur conseil. Elle accepta, et toutes, sous sa direction, Anglaises et Françaises ensemble, travaillèrent de la façon la plus efficace. Pour ne citer que quelques-unes des victoires qu'elles ont remportées, on leur attribue l'élan nouveau donné à l'enseignement des arts manuels et domestiques dans les écoles publiques, la nomination si précieuse de dames inspectrices du travail dans les fabriques et ateliers où sont employées des ouvrières, la réforme des prisons de femmes, l'amélioration du sort des émigrantes, l'établissement des classes de cuisine et d'hygiène dont profitent les mères de famille, et enfin la fondation d'une école célèbre d'infirmières ambulantes.

M. Wilfrid Laurier, le Premier ministre, a rendu au Conseil national des femmes un hommage public en déclarant que le Canada lui devait d'avoir appris à se mieux connaître, à se respecter dans sa diversité et dans son union, éloge qui trouva un écho chez nombre d'hommes politiques et d'hommes d'église éminents,[1] catholiques compris, la Règle d'Or n'étant autre que la règle principale de l'Evangile appliquée à toutes les relations de la vie.

---

1 *Women of Canada, their life and work*, compiled by the National Council, at the request of the hon. Sydney Fisher, Minister of Agriculture, for distribution at the Paris international Exhibition.

Thérèse Bentzon

La présidence d'une femme du rang et du caractère de lady Aberdeen fut en Europe, pour le Conseil international, un gage de succès. Quelques-unes des plus grandes dames de l'Angleterre suivirent l'impulsion qu'elle avait donnée ; on les vit à Londres présider telle ou telle séance, côte à côte avec les professionnelles de l'éducation, des arts et des métiers. Le mélange des classes sociales donnait à cette assemblée un caractère particulier, et les déléguées les plus avancées d'opinion apprécièrent les splendides réceptions faites aux congressistes dans de très aristocratiques demeures. La reine Victoria elle-même les accueillit en son château de Windsor. On sait que les radicaux, fussent-ils féroces, se laissent apprivoiser quelquefois par ces avances séduisantes du grand monde. Pourquoi leurs émules du sexe faible n'en feraient-elles pas autant ?

. J'ai entendu l'une des plus égalitaires parmi nos envoyées de France parler avec une évidente complaisance des perles de la belle duchesse de Sutherland. Et, plus que tout, le discours de bienvenue de l'aimable et si supérieure comtesse d'Aberdeen donna le ton au Congrès.

Elle commença par recommander la tolérance pour les points de vue apparemment contradictoires, pour l'expression d'idées et de sentiments qui ne seraient peut-être pas toujours compris du premier coup, le mouvement devant quelque peu changer de forme selon le génie de chaque peuple. Le Conseil international offre une agglomération de conseils nationaux qui eux-mêmes renferment dans leur sein un certain nombre d'unions locales, lesquelles ne sont autres que les fédérations de sociétés moins considérables, dominent des centaines de milliers de femmes, appartenant à des races, à des religions, à des sphères sociales différentes, peuvent-elles travailler de concert dans un dessein pratique… Comment ? Mais c'est la variété infime des opinions, des idées, des méthodes qui impriment au Conseil sa raison d'être, car l'unité qu'il se propose ne consiste pas dans l'identité de l'organisation, ni dans l'identité du dogme, mais dans une consécration commune, au service de l'humanité. « Cette assemblée n'aura pas seulement pour effet, ajouta lady Aberdeen, l'élargissement de nos esprits ; nous y puiserons en outre une compréhension plus juste les unes des autres, l'appréciation des travaux et des difficultés de chacune : toutes choses nécessaires pour fortifier entre nous les liens de foi et d'amour sans lesquels notre association ne saurait être une réalité vivante existant pour le bien de tous. »

Elle énuméra les premiers résultats obtenus : leçons de coopération et de solidarité, notions au moins élémentaires du devoir d'agir ensemble d'une façon constitutionnelle en s'inclinant devant la majorité, mais en respectant le droit des minorités. Surtout, dans ces nouvelles expériences, ne jamais repousser l'aide des hommes, ne point faire systématiquement bande à part. L'homme n'est pas né pour vivre seul, mais l'isolement serait bien plus funeste encore à la femme. La rédemption de la race ne peut être accomplie que par les domines et les femmes d'accord, unissant leurs mains dans une action commune. Le Conseil féminin se garderait de détourner la femme des soins et des devoirs du foyer. Il lui rappellera au contraire que la première mission pour elle doit être dans son intérieur ; c'est par là qu'elle sera jugée, c'est par la vie de famille que chacun des pays représentés au Congrès tombera ou restera debout.

Je voudrais citer tout entière la noble et sage allocution se terminant ainsi : « Que Dieu soit avec nous ! »

Paroles qui, prononcées par une présidente dont la vie d'épouse et de mère est un exemple, ont bien leur importance au début d'une révolution pour en déterminer l'esprit.

En outre, chaque matin, tant que dura le congrès de juin-juillet 1899, une courte prière fut faite avant l'ouverture, dans une pièce spécialement ; réservée. Un service religieux à l'intention des membres du Congrès fut célébré à l'abbaye de Westminster, et des sermons sur la mission de la femme chrétienne attirèrent la foule dans plusieurs églises. Tout ceci révèle de certaines tendances qui, ailleurs, ne paraissent pas toujours être celles des femmes attelées au char des réformes et du progrès.

Avant d'appuyer sur ces oppositions, je pense qu'il serait opportun d'indiquer sommairement l'état actuel du féminisme en général. On me permettra de suivre aussi exactement que possible l'ordre des divisions adoptées par les éditeurs des rapports qui nous montrent la femme dans la vie industrielle, dans l'éducation, dans la vie politique et dans l'action sociale : ce dernier aspect est peut-être le plus intéressant. En voici le résumé rapide.

Thérèse Bentzon

I. — L'ACTION SOCIALE

La discussion commença sur l'œuvre des prisons. La duchesse de Bedford, qui présidait, rendit dommage aux efforts de l'admirable surintendante de Sherborne, dont les lecteurs de la *Revue* ont eu dès longtemps connaissance.[1] Elle-même, la duchesse de Bedford, et sa collègue lady Battersea, appartiennent au comité officiel des visiteuses d'une grande prison de femmes. Ces visites paraissent être un moyen puissant de mobilisation ; c'est aussi pour les libérées le plus sûr moyen de trouver du travail. Beaucoup d'entre elles, leurs nobles patronnes l'affirment, ont répondu à une protection méritée par la persévérance dans le relèvement. De pareils succès donnent raison aux tentatives qui se poursuivent à l'égard des pensionnaires d'Elmira (États-Unis), une prison d'hommes où les malfaiteurs, considérés comme des malades qu'il faut guérir, sont traités en conséquence. La durée de la peine n'est pas fixe, nul ne pouvant savoir combien de temps prendra la cure, en admettant que la maladie soit curable. Peu à peu, à mesure qu'une amélioration se produit, le coupable régénéré jouit d'un degré de plus de liberté, jusqu'à ce qu'il rentre dans la société sous une surveillance qui ne cesse qu'à la longue.

Sherborne est l'Elmira des femmes, avec le même système d'épreuves et d'avancement. Mrs Johnson, sa directrice, expose ce système au Congrès international dans un magnifique rapport tendant à prouver que nulle criminelle n'est incorrigible. Le plus grand service qu'on puisse rendre à ces malheureuses est de les amener à une soumission intelligente, leur enseignant à bien agir parce que c'est bien, à prendre la bonne décision en se sentant libre de prendre la mauvaise, car leur mal est une sorte de paralysie de la volonté. L'empire sur soi-même, voilà ce qu'elle s'efforce d'inculquer à des êtres qui n'ont plus de gouvernail, et elle reconnaît leurs moindres efforts par de petits privilèges qui tous auront pour but d'éveiller dans des âmes abaissées au niveau de la brute une lueur d'idéal, si vague soit-elle.

Mrs Johnson cite des exemples nombreux et saisissants de sa manière d'opérer ; elle insiste sur un point : ni dureté, ni faiblesse,

---

1 Voir *la Condition des Femmes aux États-Unis, Revue* du 1ᵉʳ décembre 1894.

esprit de justice sans cesse présent ; ainsi on vient à bout des pires, et les pires ne sont pas toujours celles qui ont commis les crimes les plus punis. Il ne faut donc pas considérer les causes de la peine, ni provoquer d'inutiles confidences, mais oublier systématiquement le passé pour ne tenir compte que de la vie nouvelle dont la forte discipline et l'éducation morale de la prison seront le fondement.

« Les bons principes dans le cœur de beaucoup d'abandonnées peuvent se comparer aux dernières étincelles d'un feu qui meurt. Avec infiniment de soin et d'attention, il est possible d'en faire doucement jaillir une petite flamme, mais sous une main rude elles s'éteindraient, perdues pour jamais. »

Tels furent les derniers mots que prononça Ellen Johnson, au Congrès où elle ne devait plus reparaître. Elle avait, le 27 juin, remué tous les cœurs par sa parole chaude et généreuse ; le 30 du même mois, sa mort fut annoncée.

Cette figure d'une femme de bien, dévouée à la plus grande de toutes les tâches, celle qu'elle résumait ainsi : « Un criminel corrigé est un citoyen de plus gagné à la pairie, » cette figure où dominait une honte toute maternelle qui n'excluait pas une souveraine autorité, restera impérissable dans la mémoire de ceux qui l'ont connue, ne fût-ce, comme moi, qu'un seul jour.

On entend avec sympathie Mme Bogelot, directrice générale de l'œuvre des libérées de Saint-Lazare, fondée à Paris par l'abbé Michel et par sa nièce, Mlle de Grandpré, servie ensuite par de nobles femmes, telles que Mme Caroline de Harrau et Mme Emilie de Morsier. Vingt-quatre années de la vie de Mme Bogelot ont été déjà consacrées à l'amélioration physique et morale du sort de la prisonnière.

L'enthousiasme et, l'optimisme qui la distinguent l'ont toujours préservée du découragement. Son système est, dit-elle, celui du chirurgien au lit du malade ; calmer d'abord l'agitation, profiter de l'anesthésie provoquée pour sonder la plaie, retirer le patient d'un milieu empesté, l'isoler avant tout, — c'est-à-dire, la cellule, les visites bienveillantes de femmes charitables sans fausse sentimentalité, mais possédées de cette humilité sincère qui doit nous venir en présence des fautes durement expiées par le prochain. Il est à remarquer que ce mot d'humilité se retrouve

Thérèse Bentzon

dans la bouche des personnes les plus irréprochables, sur les lèvres de Mrs Johnson, de Mme Bogelot et aussi dans le beau *Manuel du Visiteur des prisonniers*, laissé au monde comme un monument sublime de charité par doña Concepcion Arenal, à qui l'Espagne va élever une statue.

Ce qui ressort des discours prononcés, c'est que la science est en train de modifier profondément la notion du châtiment, qui tenait trop de place dans l'ancien système des prisons. De plus en plus on admettra les fatalités de l'atavisme et du milieu : de plus en plus on se proposera de *réformer* les criminels ; et la préservation étant une œuvre beaucoup moins difficile que la réforme, on s'occupera surtout de l'enfance vicieuse ou abandonnée. Voilà pourquoi se multiplient en Angleterre et en Amérique les écoles industrielles et autres, annexées à des maisons de correction d'un nouveau modèle pour lesquelles ou évite deux écueils, la centralisation d'abord et l'intervention de l'État. La direction privée sous un comité responsable est le meilleur régime. Point d'agglomération, rien de la caserne, rien de ce qu'on pourrait appeler une discipline mécanique ; de cinquante à cent enfants, pas davantage, afin qu'un intérêt tout individuel puisse être pris à chacun d'eux. Les médecins n'ont jamais guéri leurs malades en bloc ; ils traitent chaque cas séparément.

On a constaté qu'aux États-Unis la criminalité des femmes était, proportion gardée, moins fréquente que dans la plupart des pays d'Europe ; mais, en tout pays, les femmes sont retenues plus que les hommes par la crainte de l'opinion. Les réformatrices se serviront de celle disposition particulière, et, en leur rendant peu à peu l'estime et l'approbation dont elles sont si jalouses, les conduiront insensiblement au respect soutenu d'elles-mêmes.

L'éducation, une solide éducation morale et religieuse, doit être pour les deux sexes la pierre fondamentale ; l'éducation des yeux, des oreilles, des doigts, de tous les membres sera faite par des travaux appropriés, le plus souvent en plein air, et toujours sous une haute impulsion, c'est-à-dire avec le sentiment, sans relâche suggéré, que toutes les besognes, fût-ce de gratter la terre, peuvent être, selon l'esprit qui les inspire, des œuvres grossières ou des œuvres divines.

PREMIÈRE PARTIE

Que la part indispensable d'instruction élémentaire ne nuise pas à l'enseignement physique et industriel ; une fille est mieux armée contre les tentations de la vie en apprenant la cuisine qu'en poursuivant la conquête d'un certificat d'études. La gymnastique fera partie des classes, et la vie des en fans sera rendue aussi heureuse que possible afin qu'ils aient l'impression de former une famille, d'être réunis autour d'un foyer. Il importe de détruire le préjugé courant contre la maison de correction. Un pauvre petit diable peut y être envoyé pour une faute qui n'attirerait sur un enfant mieux favorisé de la fortune qu'une admonestation. Et, quelle que soit la faute commise, elle est effacée par quatre ou cinq ans de bonne conduite.

En Angleterre, les meilleurs d'entre les jeunes gens des deux sexes élevés dans les nouveaux *reformatories* trouvent donc aisément à se placer ; même on espère que la loi fermant aux garçons qui ont subi une peine l'accès de la marine sera bientôt abrogée en leur faveur.

L'étude des obligations de la tempérance, telle qu'elle s'impose à toutes les écoles depuis que Mrs Mary Hunt les a fait accepter en Amérique, et un autre enseignement de haute importance, celui de nos devoirs à l'égard des animaux, la cruauté exercée contre les bêtes pouvant être le premier pas vers le crime, voilà les principaux moyens employés aux États-Unis pour développer des sentiments humains chez les jeunes malfaiteurs, — chez tous les enfants en général, car seize millions d'entre eux sont soumis aux règlements dits de tempérance qui proscrivent toute boisson alcoolique et, dans la seule ville de Philadelphie, quatorze mille garçons l'ont partie de la Ligue de pitié que dirigent activement des dames. La *Humane education*, un nouveau genre d'humanités, entre maintenant dans le programme scolaire de plusieurs États. Les patronages, les orphelinats, les écoles d'apprentissage, les sociétés pour l'émigration prospèrent dans presque tous les pays sous les auspices des femmes. Deux sociétés, *l'Union des Mères et l'union de l'Éducation nationale par les parents*, contribuent fortement en Angleterre à moraliser les familles pauvres. Ces parents-là estiment que la discipline de l'éducation chrétienne ne doit pas se borner au cercle restreint de la famille, mais envelopper en outre d'autres enfants auxquels, depuis le berceau, elle a manqué.

Thérèse Bentzon

Les enfants, trop négligés, des classes inférieures ont besoin de la tutelle des femmes de bien qui portent le titre de tutrices des pauvres, *poor law guardians*. En cette qualité, et comme membres du Conseil supérieur des écoles, les dames anglaises montrent tous les jours efficacement que les femmes peuvent travailler de concert avec les administrations auxquelles incombe le soin de préparer des citoyens.

Nous apprenons sur ces entrefaites l'existence d'une Ligue chrétienne et nationale pour la promotion de la pureté sociale aux États-Unis. L'œuvre commence dans le mariage, en vue de perfectionner la race par un régime spirituel et scientifique, aidant chaque couple à monter vers l'état le plus noble, tant au physique qu'au moral. La femme, redevenue Légale de l'homme par le libre exercice de sa volonté et l'affranchissement de toute dépendance financière, a chance de procréer des enfants meilleurs et mieux portants ; l'hygiène, la physiologie, le respect de soi-même, dirigent les époux. Les membres de la Ligue comptent que la stirpiculture sera un jour enseignée dans les collèges.

Durant la séance consacrée aux œuvres de relèvement, Mlle Sarah Monod, l'une des vice-présidentes honoraires, indique, dans un excellent rapport en français, combien la philanthropie de notre temps a suivi partout le mouvement général intellectuel et scientifique, combien elle perfectionne ses méthodes et arrive à se spécialiser de manière à leur faire rendre le plus possible.

En Allemagne, — des Allemandes nous le disent, — les mères pensent que c'est à elles d'abord qu'il appartient de former des hommes respectueux de toutes les femmes. Jusqu'à présent la mère, même chrétienne, n'avait pas assez insisté ; sur la gravité de l'infraction du sixième commandement, aussi impérieux (les jeunes gens doivent être amenés à le comprendre) que ceux qui interdisent l'homicide ou le vol. Les honnêtes femmes s'attachent aussi dans ce pays où existe, comme chez nous, la réglementation du vice, au genre d'apostolat qui a rendu célèbre en Angleterre le nom de Joséphine Huiler. On touche ici un sujet périlleux, celui de la « traite des blanches » qui, dans nos congrès de France, a été développé avec un luxe de détails tout au moins inutile, puisque le simple vœu d'une morale unique pour l'homme et pour la femme, telle que la religion est seule à l'exiger, en dirait assez. Et c'est l'avis de ce qu'on appellera probablement la pruderie, l'hypocrisie anglaise, car la duchesse de Bedford intervient pour dire que la disposition à s'étendre sur de pareils sujets lui semble trahir une curiosité malsaine, les tendances morbides du temps présent. Ces tendances apparaissent, dit-elle, même dans les remèdes proposés pour guérir le mal.

La leçon ainsi donnée porte ses fruits. Tout ou presque tout ce qui traite de la prostitution a été publié à part, en dehors des sept volumes de *Transactions*. Cette brochure détachée arrive, bien entendu, à ceux qui en font la demande, mais une pareille précaution est caractéristique de la conduite prudente et mesurée dont le Congrès international de Londres ne s'est jamais départi. L'action la plus utile que puissent exercer les femmes en si délicate matière consiste à préserver leurs sœurs pauvres. C'est pourquoi les œuvres internationales pour la protection de la jeune fille ont une très grande importance. Personne n'ignore qu'un commerce immonde, savamment organisé, fait des filles, qui cherchent au loin le moyen de gagner leur vie, une marchandise souvent inconsciente, expédiée dans les grandes villes, vers l'infamie. Il est donc bon que, d'autre part, un réseau d'agences défende ces pauvres voyageuses contre les dangers de l'ignorance. En Suisse, l'organisation internationale s'est formée sous une influence protestante d'abord ; son exemple a fait naître la société catholique dont le siège est à Fribourg, et les deux œuvres marchent de front amicalement ; sur le terrain de l'action sociale chrétienne, la concurrence devient chose sainte.

Le bureau de Fribourg est assisté d'un conseil international, composé des représentons de différons pays européens, soumis à l'office central et constituant des comités nationaux, régionaux ou locaux. Tous les trois ans, un congrès rassemble les membres de ces comités, tantôt dans un pays, tantôt dans un autre. L'œuvre a pénétré déjà en Asie, en Amérique, elle a établi des *homes*, des écoles ménagères, placé des milliers de jeunes Mlles et rapatrié un grand nombre d'émigrées, car elle n'est pas favorable à l'expatriation de la femme.

Les séances qui ont eu l'émigration pour objet prouvent cependant qu'il y a beaucoup à faire pour les femmes dans les pays où l'on manque de domestiques, au Canada, dans l'Afrique du Sud, en

Thérèse Bentzon

Australie. Des maisons de bienvenue attendent les émigrantes qui débarquent sous le patronage de Sociétés chrétiennes. L'émigration est un des moyens les meilleurs pour rétablir l'équilibre entre le travail et la production, mais les gouvernements doivent la conduire avec prudence, procéder à un choix rigoureux, le rebut, qui est si souvent envoyé outre-mer, ayant inspiré de justes méfiances. C'est ce qu'a fort bien compris, par parenthèse, Mme l'égard, en organisant l'émigration de nos femmes françaises aux colonies.

Le traitement des classes indigentes figure avant tout dans le vaste cadre des œuvres sociales où se distinguent les femmes converties aux nouvelles méthodes, celles qui remplacent l'antique aumône. L'aumône rendait la vie des pauvres momentanément possible ; maintenant, on prétend abolir la misère héréditaire ; on ne veut plus rien faire pour son soulagement qui ait chance d'aggraver ses causes.

Mme Mauriceau, *administratrice* d'un de nos bureaux de bienfaisance, donne un rapport détaillé sur l'assistance publique française, en émettant le vœu que la femme y soit incorporée de plus en plus, car elle peut être d'un grand secours dans l'administration du service d'inspection, d'enquête, de visites, ainsi que dans le Conseil supérieur de l'Assistance, dans les conseils de surveillance des hospices, etc. On le reconnaît en Angleterre, où plus de cent femmes remplissent ces emplois ; de même en Suède, en Norvège, en Danemark, aux États-Unis. En Allemagne, une association de femmes de toutes conditions s'est formée, à Elberfeld, pour compléter l'œuvre de l'assistance publique et y suppléer au besoin ; elle lutte activement contre la mendicité. Amener le progrès des conditions générales de la vie et du caractère, tel est le but qu'elle se propose.

L'influence féminine s'affirme ainsi dans les établissements de charité dont sont très richement dolées toutes les colonies anglaises. Nulle part plus qu'en Australie ne prévaut le sentiment que les vaincus dans le combat pour l'existence ont droit aux secours de la communauté, que c'est là un devoir de conscience publique. Le gouvernement ne s'occupe pas directement du paupérisme, mais il accorde un subside égal aux taxes que s'impose la, colonie à cet effet.

PREMIÈRE PARTIE

Le système de la Grande-Bretagne est celui-ci : appliquer rigoureusement la loi des pauvres aux vagabonds qui obtiennent le souper et le gîte dans le *workhouse*, mais à la condition qu'ils payent leur écot le lendemain par du travail ; éviter l'aumône faite à la porte ou dans la rue ; prendre toujours la peine d'interroger le mendiant et le diriger ensuite vers la société spéciale qui peut l'introduire, valide, dans un atelier ; malade, dans un hôpital ; infirme, dans un asile. La société d'organisation de la charité à Londres fonctionne avec une précision inouïe. Elle compte huit cents membres volontaires, et des sociétés correspondantes existent dans les villes de province. Les méthodes de secours commencent à influencer la foule des personnes charitables qui faisaient indistinctement, l'aumône, en contrariant par une action adverse la charité raisonnée. Rien ne contribue à encourager le goût salutaire de l'indépendance chez ceux que la misère avait rendus dépendants comme la connaissance exacte de ce qu'ils peuvent attendre des autres et de ce que les autres attendent d'eux. L'organisation de la charité s'est établie aux États-Unis sur les mêmes bases qu'en Angleterre, avec la même annexe indispensable de *social settlements*.

M. Augustin Filon a exposé dans la *Revue*[1] les procédés de ces admirables « colonies sociales » qui sont comme une association de toute la famille humaine sur un pied de bon voisinage. Il les a fait trop bien connaître pour que nous en parlions après lui.

Au fond, la colonie sociale, tout en se rattachant à l'œuvre des missions, est un club, et le club en général est le plus puissant moyen d'action que les femmes aient trouvé jusqu'ici.

Il a surgi en Angleterre, où les hommes donnèrent l'exemple. Dès 1770, une première coterie féminine apparut, manifestation éphémère dont le réveil se fit attendre plus d'un siècle ; ensuite, trois douzaines au moins de clubs mondains, littéraires, philanthropiques et autres virent le jour presque à la fois. Leur succès est tel qu'il a nécessairement des détracteurs ; ceux-ci expriment la crainte de voir à la longue le club remplacer le foyer domestique. Il aura du moins contribué à créer l'esprit de corps entre les femmes et à stimuler la culture intellectuelle. L'histoire des clubs est particulièrement intéressante pour les sociologues

1 1ᵉʳ novembre 1900.

Thérèse Bentzon

qui cherchent à découvrir le chemin que prendront dans l'avenir les activités féminines. En tant que force sociale, le mouvement date de 1868, l'année où le fameux Sorosis fut inauguré à New-York et le non moins célèbre Club des femmes de la Nouvelle-Angleterre à Boston.

Dans la grande république, les clubs de femmes étaient un produit tout naturel de la force des choses et de l'état social.[1] Les associations nécessairement nouées entre pionniers pour défricher des forêts vierges, bâtir l'église, puis former l'école, devaient conduire à cette persistance dans l'organisation qui est devenue le trait distinctif du génie américain.

Les premières associations de femmes, à côté de celles des hommes, furent d'abord purement charitables. Et les prirent un caractère ; public lorsque naquit la société dite anti-esclavagiste, puis la société de tempérance. C'est en travaillant à ces œuvres de pur altruisme que les femmes mesurèrent leurs ressources et en sentirent les limites. Il leur fallait beaucoup apprendre pour répondre victorieusement à leurs adversaires, pour se procurer l'argent indispensable et avoir la liberté ; de l'employer. De là l'origine de la fameuse1 convention de Seneca Falls, qui fut la mère de toutes les autres (1848). Les femmes y réclamèrent pour la première fois le droit de s'instruire, de s'assurer la liberté industrielle, des facultés pécuniaires, des privilèges civils.

Pendant les dix années qui suivirent, elles parurent se livrer au travail égoïste de leur propre développement, mais toujours avec l'arrière-pensée d'appliquer au bien général les progrès acquis. On en eut la preuve lors de la guerre civile. Cette grande crise dans la vie nationale arracha, bon gré mal gré, les Américaines aux occupations du ménage. Les citoyens étant devenus soldats en masse, leurs femmes durent, pendant des années, les remplacer dans de lourdes tâches qui leur tirent constater qu'elles n'étaient ni faibles, ni incapables, ni fatalement dépendantes. Elles se mirent à pratiquer de leur mieux toutes les industries qui avaient été jusque-là le partage exclusif de l'homme et, la guerre civile terminée, ne se soucièrent plus d'abandonner des occupations rémunérées pour la simple vie domestique qui, d'ailleurs, ne leur semblait

1 *Organisation as a factor in the development of modern social life*, by Mrs May Wright Sewall.

pas incompatible avec elles, pus plus que ne l'avaient été les ligues patriotiques, les commissions sanitaires, les œuvres de toute sorte organisées pendant cette période terrible, La prostration nerveuse, ce fléau si fréquent en Amérique et qui tient à l'abus de l'activité, ne se manifesta chez elles que plus tard, et Mrs Sewall, dans son beau rapport sur *l'Organisation dans la Vie sociale*, n'en parle pas ; elle nous montre ses compatriotes continuant à mener de front les devoirs de la famille et la discussion d'intérêts importuns. De ces discussions sortirent les clubs.

Réunis en fédération générale, ils gagnèrent du terrain, tendant toujours à élever l'éducation de la femme et à effacer cet esprit de caste que produit trop souvent l'accroissement des richesses. Les clubs spécialement civiques, dont l'objet est d'amener des réformes municipales, déploient un zèle intrépide ; on leur doit, dans l'Ouest surtout, la salubrité des rues, le nettoyage des écuries et des abattoirs, une sorte d'extension des devoirs de la ménagère à tout son quartier, à tout son village. Appuyées sur les préceptes de Ruskin, les femmes s'appliquèrent, comme membres de la communauté, à des œuvres d'assainissement et de beauté ; elles eurent le pouvoir de les accomplir, chaque club étant un petit État en lui-même qui possède son comité exécutif et que dirige le vote de la majorité ; ceci, entre autres avantages, crée une éducation parlementaire favorable à la netteté des idées, à la facilité de la locution et préparatoire peut-être au droit de suffrage. Chose remarquable, aucun de ces clubs de femmes ne s'est jamais endetté », ce qui prouve en faveur des capacités financières de leurs membres, beaucoup d'entre eux ont construit leur maison et s'en sont fait une source de revenus. Le *New Century*, à Philadelphie, paya un dividende de 10 pour 100 à ses actionnaires six mois après l'inauguration. Mais ce sont surtout les clubs d'ouvrières dont on doit souhaiter le développement.

Ils réussissent tant en Angleterre qu'aux. États-Unis, sans pour cela se ressembler tout à fait dans les deux pays. Leur but est ici et là de détourner les jeunes Mlles des amusements grossiers, de les reposer des fatigues de la fabrique et de l'atelier, de leur assurer des relations utiles. « Solidarité, coopération, éducation, gouvernement de soi-même, » pourrait être leur devise. À Londres, la classe élevée, s'y intéresse tout particulièrement ; ils empêchent

Thérèse Bentzon

les mariages précoces, qui, dans le peuple anglais, sont une source de misère. Au lieu des fréquentations du soir dont le moindre péril est de les conduire à se mettre en ménage presque enfants et sans le sou, les jeunes filles, dès l'âge de quatorze ou quinze ans, trouvent au club des classes d'histoire, des lectures et d'honnêtes récréations de toute sorte.

Les patronnes du club organisent pour leurs protégées des excursions aux divers monuments ou dans les musées, leur font faire de petits voyages, les invitent chez elles à la campagne par groupes. Si l'on considère les conditions de la vie du peuple à Londres, l'horreur des étroits logements, où parents, enfants, frères et sœurs vivent pêle-mêle, au milieu des pires habitudes d'ivrognerie, on jugera que le cercle où ces jeunes filles sont reçues, instruites, amusées est un bienfait.

En Amérique, sous l'influence surtout de miss Grace Dodge à New-York, les clubs d'ouvrières, réunis en une ligne générale, tendent à se gouverner et à se soutenir eux-mêmes au lieu d'être dans la main, pour ainsi dire, des classes dirigeantes. Comme à Londres, ils admettent des personnes de toute race et de toute religion ; mais le club ne s'organise que sur la proposition d'un premier groupe des membres, qui nomme son comité ; chaque membre a sa part de responsabilité dans les dépenses et le succès de l'entreprise. Souvent le club renferme des classes de cuisine, de ménage, de couture, de sténographie, de gymnastique, de littérature, les écoles municipales prêtant leur concours ; en fait de plaisirs, il y a des conférences, des jeux, un peu de musique et même de danse ; en ce dernier cas, les jeunes gens de l'autre sexe sont quelquefois admis.

Aux clubs de jeunes ouvrières se rattachent des clubs de petites filles depuis douze ans, et des clubs pour les ouvrières mariées qui viennent discuter entre elles des questions d'économie pratique ou d'hygiène pour leurs enfants.

La ligue compte aujourd'hui cinq associations et 86 clubs : plus de 7 000 membres, Encore n'embrasse-t-elle que les États de l'Est, les clubs d'ouvrières, qui se multiplient dans l'Ouest, le Centre et le Sud n'y étant pas entrés jusqu'ici.

Il n'y a guère de club qui ne fasse corps avec les sociétés de tempérance : la grosse question de la tempérance se mêle à toutes les réformes. C'est le thème international par excellence, et les femmes y prennent un intérêt naturel, la dignité et le bonheur de la maison dépendant de la sobriété de l'homme.

L'association anglaise de tempérance des femmes a pour présidente lady Henry Somerset, émule et amie de la laineuse Frances Willard, qui entreprit en Amérique une si ardente croisade contre l'alcoolisme. Le péril est pressant, car, à l'entrée du XXe siècle, la consommation des liqueurs fortes ne cesse de grandir en Angleterre, et les femmes, pour ne parler que d'elles, sont possédées plus que jamais du démon de l'ivrognerie. La mortalité par excès alcooliques a augmenté depuis vingt ans de 104 pour 100 parmi elles. Contre un mal aussi violent et aussi invétéré, il n'y a, selon lady Somerset et ses adeptes, que l'abstinence totale qui puisse être efficace ; l'ennemi doit disparaître de toutes les tables.

Les Allemandes tâchent dans leur pays d'éveiller à ce sujet la conscience sociale et y ont déjà si bien réussi qu'une loi va être promulguée par laquelle l'ivrogne de profession sera déclaré mineur et interdit. Maintenant on construit, dans de jolis sites que fréquentent les promeneurs, des cafés qui n'ont rien de commun avec ceux où le café proprement dit n'est qu'un prétexte ; des salons de lecture y sont annexés. Quant aux misérables victimes de l'alcool, elles sont soignées et quelquefois guéries par les efforts de sociétés de charité spéciales.

Le problème de la suppression de l'ivrognerie est traité au Congrès par une femme pasteur américaine, la Révérende Anna Howard Shaw. Les membres d'une union, affiliée au conseil national des femmes, secondent avec zèle les écoles dans l'instruction scientifique de la tempérance qui est donnée à toute la jeunesse. Ces dames attaquent le monstre au moyen de la presse et de la tribune. Il y a, pour les encourager, de beaux exemples de réforme. Au commencement du siècle, les Suédois étaient peut-être, de tous les peuples d'Europe, celui qui s'enivrait le plus. Chaque citoyen avait le droit de fabriquer et de vendre des liqueurs fortes ; en 1829, il existait 173 124 distilleries pour une population de trois millions à peine. Le fléau fut conjuré par la loi de 1855, qui taxa les spiritueux et mit leur distribution entre les mains de l'État. Huit cents paroisses rurales supprimèrent aussitôt la vente de l'eau-devie. Nulle part aujourd'hui, il n'y a moins de cabarets que dans ce pays digne de servir de modèle à tous les autres. 300 000 Suédois (16 pour 100 de la population) professent l'abstinence totale.

Ces réformes radicales ne sont guère préconisées qu'au nord de l'Europe, où la vigne ne croît pas ; ailleurs, on se borne souvent à former des ligues pour l'usage modéré de l'alcool, mais partout les lois du pays devraient leur prêter secours. En Angleterre, au contraire, la loi semble plutôt favoriser l'intempérance. On ne pourra rien contre le trafic des liqueurs tant qu'il s'associera à la politique. Il faudrait veiller aussi à ce que, pour le peuple, le seul plaisir accessible ne fût pas de boire.

A ce propos, lady Battersea parle d'une façon brillante et persuasive de la morale des amusements. Elle montre l'envers du faux puritanisme d'où résulte l'ennui, un mauvais conseiller qui souvent pousse au mal. Tout en faisant l'éloge des sports qui produisent le courage, l'énergie, la camaraderie, l'amour de la campagne et la santé, elle en blâme l'abus et les déclare immoraux dès qu'ils deviennent l'occupation principale de la vie. Cette Anglaise ose attaquer le grand divertissement, national, les courses, et le jeu dont celles-ci sont le prétexte ; en revanche, elle fait l'éloge de la bicyclette qui, prise à doses modérées, contribue à l'émancipation raisonnable de la femme.

Des sujets futiles en apparence, comme la toilette dans ses relations avec la vie animale, sont supérieurement traités. C'est la duchesse de Portland qui préside la séance où se plaide la cause des oiseaux. Cette question n'est pas purement sentimentale ; elle est économique aussi, elle intéresse les céréales. Les fantaisies des marchandes de modes condamnent trente-cinq millions de petits oiseaux à être importés chaque année en Angleterre, sans parler des autres pays de l'Europe. L'amour de la toilette menace donc des races entières d'une extinction totale ou partielle. Certain récit de la chasse à l'aigrette, si barbare, suffirait pour que toutes les femmes se défendissent de porter jamais cet ornement. Il est temps qu'elles apprennent que les animaux ne sont pas des *choses*, de simples automates, faites pour servir de proie ou d'amusement aux hommes, mais de vraies personnalités qui, depuis des siècles, rendent à l'espèce humaine des services que seuls les ignorants méconnaissent.

PREMIÈRE PARTIE

II. — L'INDUSTRIE

Dix séances du Congrès sont consacrées à l'industrie, dont presque toutes les branches s'ouvrent aujourd'hui aux femmes. La besogne traditionnelle du ménage s'étant considérablement allégée depuis le règne des machines, elles se sont précipitées vers les fabriques et vers les ateliers. Le sort de l'ouvrière est devenu par-là beaucoup plus dur que celui de l'ouvrier, ce travail du dehors ne pouvant être pour elle, comme il l'est pour lui, l'affaire principale. Les devoirs de famille, qu'elle soit fille, mariée ou veuve, pèsent sur elle d'une façon beaucoup plus compliquée. Veiller à ce qu'elle travaille dans de bonnes conditions hygiéniques et reçoive une rémunération suffisante, tel doit être le souci des femmes qui *possèdent*, des femmes qui *savent* ; on n'élèvera point le niveau moral de l'ouvrière avant d'avoir amélioré pour elle les conditions matérielles.

Le Congrès international procède donc à une investigation préliminaire.

Les renseignements fournis sur la Russie sont lamentables. Ses ouvriers de fabriques ne forment pas encore une classe bien distincte. Beaucoup d'entre eux sont des agriculteurs, qui, l'hiver, exercent pour vivre un métier mal payé. Par exemple, les manufacturiers de la Russie centrale logent gratis leur personnel dans des baraques où l'on empile, autant d'individus, hommes, femmes et enfants qu'elles en peuvent contenir. Cependant cette affreuse misère commence à attirer l'attention. Une loi récente fixe pour les adultes à onze heures et demie le temps du travail, qui « 'tait parfois de quinze ou dix-sept heures. On a pu voir aussi, à notre dernière Exposition, que les industries rurales sont patronnées par les princesses et les dames de la société, et que d'intéressants ouvroirs se fondent sous le patronage de l'Impératrice.

En Allemagne, le nombre des femmes engagées dans l'industrie est formidable. De 1882 à 1895, il a augmenté de 400 000, et l'effet de certains métiers sur la santé générale des mères a justement ému l'État, qui veut de beaux soldats pour le servir. Des lois spéciales ont donc été appliquées au travail des femmes mariées ; on est même allé trop loin, on a prétendu leur fermer les fabriques, et elles ont énergiquement protesté contre cette défense, censée humanitaire,

Thérèse Bentzon

qui supprimerait leur indépendance économique. La question se pose cependant très grave en tous pays, car l'ouvrière mère de famille est un rouage important dans la société, non seulement parce qu'elle aide à produire la richesse, mais parce qu'elle donne à la nation ses travailleurs, faute desquels la nation périrait. Dans la plupart des pays d'Europe, il est interdit, aujourd'hui aux femmes de travailler après leurs couches durant un laps de temps qui varie de quatre à six semaines ; il semble que l'État devrait, pour se faire obéir, assurer à la mère un secours qui n'aurait rien d'humiliant pendant le temps qu'elle est contrainte d'accorder au repos. La loi serait ainsi mieux respectée.

La Suisse protège les femmes enceintes contre les industries malsaines qui pourraient les empêcher de mettre au monde un enfant robuste ou seulement viable. Ce n'est pas le cas en Autriche où les mères de la génération future travaillent à la gueule des mines, aident les maçons sur leurs échelles, traînent de lourdes charrettes comme des bêtes de somme jusqu'à la fin de leur grossesse. Dans toute l'Allemagne, d'après le recensement de 1891, il y a cinq millions de femmes qui gagnent leur vie dans l'agriculture, les fabriques, etc., et un million en outre qui travaillent chez elles avec beaucoup plus de risques, car, partout, on le constate, le travail à domicile, regardé autrefois comme le seul qui convint à la mère de famille, ne doit plus être préconisé, du moins dans les grands centres. Les pires inconvénients de l'atelier s'y glissent et s'y exagèrent, quand plusieurs personnes étouffent ensemble dans un réduit mal aéré. Pour les enfants eux-mêmes, les crèches, les écoles maternelles valent infiniment mieux que de pareilles conditions.

La propreté des logements d'ouvrières devrait être sévèrement surveillée, comme elle l'est en Amérique, à un double point de vue d'hygiène. Aux États-Unis la crainte des microbes fait sacrifier tout vêtement sorti d'une chambre qui peut être infectée de contagion ; les fréquentes maladies des enfants sont particulièrement redoutées ; il est reconnu que les étoffe, les fourrures s'en imprègnent et les propagent. Des inspectrices attitrées ont le devoir, si elles découvrent qu'il y a dans la maison le croup, la diphtérie, la variole ou toute autre affection contagieuse, de saisir les objets qu'on y fabrique et de les détruire sur-le-champ. La déclaration de ces maladies est obligatoire sous peine d'une très forte amende. Et il

PREMIÈRE PARTIE

n'y a pas là autant d'exagération qu'on pourrait le croire ; le danger a été signalé chez nous à Lyon, où beaucoup de tisseurs travaillent chez eux.

Ce n'est plus guère que dans les campagnes que l'habile artisan peut, comme autrefois, créer à lui seul une œuvre complète, dans laquelle il prend une joie d'artiste. En Hongrie, par exemple, les femmes ou filles de fermiers et le fermier lui-même achèvent pendant l'hiver une foule d'ouvrages se rattachant à un art populaire d'origine asiatique, qui a ses traditions et ses symboles : poterie, tissus textiles, vannerie, objets en bois et en étain. Le gouvernement s'intéresse à cette fabrication et lui procure des débouchés. En Suède, les arts transmis par les aïeux, la broderie, le tissage de la toile et de la laine, sont pratiqués de même dans les campagnes, les paysannes ayant un goût inné ou transmis pour le dessin et des recettes pour la teinture. Une société de dames protège ce qu'on appelle le *sloyd* à domicile. Cette société, comme celle à laquelle appartiennent en Russie Mmes Polénova, Davydova et autres artistes, a recueilli toutes les manifestations esthétiques de la Suède primitive et fondé une école où peuvent se perfectionner les ouvrières. Les associations agricoles encouragent ces études nationales, de fortes sommes sont consacrées à leur propagation. Il en est de même pour l'association des industries irlandaises sous l'intelligent patronage d'un groupe de femmes du monde qui font vendre dans les grandes villes d'Angleterre les charmantes étoffes ourdies par de pauvres paysannes.

L'avenir se dessine donc ainsi : dans les campagnes l'encouragement d'industries à domicile, mais dans les villes l'atelier coopératif bien installé, hors des logements exigus et insalubres, ou même, faute de cet atelier, la fabrique, avec des heures de travail sagement réglementées et quelques précautions hygiéniques auxquelles veilleront des inspectrices. Rien de plus. Les ouvrières sont généralement ennemies d'une législation qui menacerait leur liberté, à moins que la même protection ne s'étendît aux hommes, comme c'est le cas en Suède et en Finlande. La division du travail se produit alors selon les qualités particulières à chaque sexe. Quant aux métiers meurtriers, ils doivent, si aucune précaution ne peut conjurer le danger, être interdits également à tous. Tôt ou tard, en effet, les lois appliquées d'abord à l'enfant, puis à la femme,

Thérèse Bentzon

concerneront les adultes du sexe masculin. Une des congressistes l'a fort bien dit : « Il doit en être de la législation des métiers comme de celle de la navigation, les bateaux étant construits pour flotter et aussi de telle manière que les conditions de la vie à bord ne soient préjudiciables à la santé de personne. »

Les lois qui régissent le travail des enfants, passifs entre les mains de leurs exploiteurs, étaient plus indispensables encore que celles qui protègent les femmes contre elles-mêmes, contre leur propre courage. C'est la France qui a donné le signal. Entre 1870 et 1893, presque tous les pays civilisés ont suivi son exemple et promulgué successivement ces lois bienfaisantes ; l'âge d'admission dans les fabriques varie, depuis lors, de neuf à quatorze ans. Il a été d'abord rigoureusement déterminé pour le pénible travail des mines, tout au moins en France, en Angleterre et en Prusse, car en Italie, de très jeunes garçons sont empoisonnés d'air méphitique dans les mines de soufre : en Espagne, c'est bien pis encore : toutes les horribles maladies que dégage l'exploitation du plomb et du mercure, toutes celles qui résultent de certaines industries chimiques déciment les pauvres enfants du peuple, déformés, défigurés, atteints, tout petits, de tremblement incurable ou de nécrose. L'ouvrier anglais, après avoir abusé avec l'énergie implacable propre à sa race ; du droit reconnu à tout être de lutter jusqu'à complet épuisement, est enfin revenu de cette monstrueuse exagération de l'effort et se trouve peut-être aujourd'hui dans de meilleures conditions économiques qu'aucun autre travailleur, ce qui n'empêche que l'Angleterre ait encore des réformes à faire dans la législation du travail des enfants. Certes on ne voit plus les pauvres *babies* du Lancashire aider, à quatre ans, dans les fabriques, debout et prisonniers des lourdes bottes de bois et de plomb qui soutenaient leurs jambes trop faibles ; ces supplices ont cessé ; mais les enquêtes auxquelles se livre le Conseil industriel des femmes produisent cependant la découverte de faits révoltants : 147 000 enfants, tout en fréquentant l'école, sont, avant ou après la classe et les jours de congé, employés à des besognes au-dessus de leurs forces. Un petit marchand de journaux ajoute chaque semaine jusqu'à cent heures de travail à ses devoirs d'écolier. Une fillette de sept ans est appointée pour faire chaque matin le *knocking up* de son quartier, réveiller les ouvriers en les appelant à quatre heures et demie, hiver comme été.

PREMIÈRE PARTIE

Beaucoup d'autres sont louées par leurs parents pour garder des marmots presque aussi grands qu'elles, font des courses énormes avec de lourds paquets et, jusqu'à une heure avancée de la nuit, fabriquent des boîtes d'allumettes.

Les dames anglaises demandent que les lois rotatives au travail des enfants soient affichées dans tous les ateliers, que les menus trafics de la rue soient prohibés et que l'école ait le droit, après remontrance aux parents et aux patrons, d'avertir les magistrats de toute infraction à ce règlement.

Il y va de la morale publique : 70 pour 100 parmi les jeunes détenus de la prison de Platzensere, près de Berlin, vendaient dans la rue dès leur bas âge. Le conseil national des dames allemandes a mis au jour certains faits qui menacent la génération à venir d'un inévitable abaissement si l'on n'y remédie. Et le remède serait d'aller à l'école jusqu'à seize ans, afin d'y acquérir une solide instruction technique, tout en apprenant un métier. De grand progrès ont été accomplis depuis peu, mais la cupidité des parents trouve moyen de tourner ou d'esquiver la loi ; il y a en Allemagne 25 pour 100 environ d'enfants qui travaillent hors de la fabrique, où ils ne peuvent entrer qu'à quatorze ans.

La Suisse elle-même, qui marche en avant sous ce rapport comme sous beaucoup d'autres, a lieu de constater que la vigilance de ses inspecteurs est souvent déjouée.

Une séance spéciale est consacrée par le Congrès au service domestique, lequel dans tous les temps a employé plus de femmes qu'aucun autre métier. Les conditions de la vie moderne y font surgir des difficultés toujours croissantes. D'un bout du monde à l'autre, la même clameur retentit : — Il n'y a plus assez de domestiques ! Les domestiques ne valent rien ! — Et c'est le signe évident d'une transformation prochaine dans l'organisation de nos intérieurs.

1° Il n'y a plus assez de domestiques parce que le genre de service qu'on réclame d'eux n'a pas suivi l'évolution industrielle et qu'il conserve un caractère féodal, antipathique aux démocraties. La servante vit dans un milieu qui n'est pas le sien et où elle a moins de liberté qu'ailleurs, ne pouvant jamais disposer de son temps ; de plus, la domesticité est considérée, dans la classe où elle se recrute,

Thérèse Bentzon

comme un état inférieur. C'est un peu la faute des maîtresses. Sans doute la cuisinière, la femme de chambre, voire l'humble bonne à tout faire est matériellement plus heureuse que le grand nombre des ouvrières, mais les mêmes femmes qui, depuis cinquante ans, réclament à grands cris leurs droits civils et politiques ne songent pas toujours assez aux droits moins ambitieux qu'ont, en tant que femmes, les personnes qui les servent ; il leur suffirait cependant de faire un retour sur elles-mêmes pour comprendre que rien n'équivaut au privilège de vivre à son gré sa propre vie. Le moyen le plus simple pour corriger cet état anormal, vivre dans une famille, sans aucune part réelle à la vie de famille, serait de laisser la domestique rentrer chez elle, sa besogne faite, comme toute autre journalière. C'est ce à quoi se résignent déjà les personnes de condition modeste. Dans d'autres sphères on a pris aussi l'habitude d'appeler du dehors des auxiliaires ; ces spécialistes à l'heure ou à la tache pourront sans inconvénient se multiplier, et nous n'en serons pas plus surpris que ne l'ont été nos pères d'avoir affaire au boulanger au lieu de pétrir le pain chez eux comme l'exigeait une longue habitude. Seconde face du problème : les domestiques ne valent rien parce qu'ils ne font généralement pas d'apprentissage, ce qui les place très réellement au-dessous des autres corps d'état. On commence à y remédier en Angleterre, où un enseignement technique et pratique est donné à cet effet aux filles du peuple dans plusieurs *homes*. Le même genre de révolution s'était produit pour les gardes-malades, grossièrement ignorantes jadis et scientifiquement dressées aujourd'hui. A Londres, le Conseil industriel des femmes a formé une association de journalières habiles, et l'Institut, Norland s'occupe de l'éducation des domestiques d'élite, *ladies in service*, notamment des bonnes d'enfants, si souvent inférieures dans beaucoup de pays à tous les autres serviteurs, tandis que leur mission est beaucoup plus haute, puisqu'elle implique l'éducation. Il convient que la bonne ait les sentiments et les habitudes d'une gouvernante dans la juste acception du mot, et cela fait d'elle une dame qui s'attachera sans peine au milieu raffiné où elle sera traitée avec les égards qu'elle mérite. Ce sont donc les personnes capables d'une œuvre de dévouement qu'aucuns gages ne sauraient payer qui semblent devoir seules continuer les anciennes méthodes de domesticité. Les inventions nouvelles, la coopération, les machines, les fabriques, la vapeur suppléeront d'ailleurs en grande partie aux industries domestiques du passé. Des diplômes délivrés par les écoles techniques de cuisine, de couture, etc., qui déjà fonctionnent avec succès, et un enregistrement régulier du certificat remis ensuite à chaque employé par le maître qu'il quitte, avec impossibilité pour celui-ci de le refuser, bon ou mauvais, contribueraient au développement d'un système dont le but général doit être d'élever autant que possible le niveau du travail et la dignité personnelle.

Une déléguée des États-Unis, où les conditions du service sont presque impossibles, fait observer que, n'ayant pas, comme en Europe, les avantages de la tradition, qui permet aux maîtresses et aux domestiques de diriger leur barque instinctivement, pour ainsi dire, beaucoup d'Américaines sentent la nécessité d'une instruction technique donnée aux unes et aux autres. Des écoles ménagères spéciales seraient fréquentées par les riches comme par les pauvres. Les premières arriveraient ainsi à concevoir ce qu'il faut de fatigue et de peine pour exécuter les ordres qu'elles donnent ; elles en deviendraient plus patientes, plus justes et meilleures maîtresses de maison, tandis que la servante acquerrait quelques notions scientifiques très utiles à l'accomplissement intelligent de sa tâche. Les soins donnés aux *Kinder-garten* par nombre de jeunes filles du monde leur ont déjà fait faire un pas dans la science domestique. Cette université d'un nouveau genre aurait sa très réelle valeur.

Partout les meilleurs juges s'entendent pour reconnaître que résister à la loi de l'évolution est absolument chimérique , elle abolira de plus en plus le labeur personnel et tournera nos efforts vers le bien commun de l'humanité. Peut-être le foyer unitaire coopératif est-il destiné à devenir autre chose qu'une utopie, en Amérique tout au moins, ou même en Angleterre, où la dispersion des fils est générale, où tant de filles non mariées entrent dans les carrières industrielles et vivent de la vie de pension, où le club accapare les heures de loisir de ceux et de celles qui sont censés rester au foyer.

L'esprit du siècle est un esprit d'indépendance et d'activité, qui impose des devoirs nouveaux, entre autres celui de reconstruire la vie de famille sur des bases plus larges, l'antique maison paternelle devenant une république organisée de manière a produire de

Thérèse Bentzon

sérieuses économies d'argent et de travail.

Les cuisines du peuple, en Allemagne, à l'imitation des fourneaux de soupe dont le comte Rumford eut la première idée dès 1818, inaugurent avec succès la cuisine coopérative. Elles empêchent l'ouvrier pauvre de tomber au rang de mendiant, procurent à bas prix une nourriture saine et combattent les habitudes d'ivrognerie. Leur succès est considérable, tant au point de vue philanthropique qu'au point de vue financier. Il faut dire que des inspectrices absolument désintéressées surveillent de près ces cuisines, que le service du comité est gratuit, que la charité féminine la plus active, en un mot, a posé les bases de cette entreprise, qui n'a cependant rien de commun avec l'aumône.

Mais, si la cuisine coopérative rend de grands services aux classes nécessiteuses, nous ne croyons pas que, de longtemps, elle se fasse accepter par les classes aisées. Celles des déléguées au Congrès international qui ont insisté pour que l'éducation des jeunes filles les préparât à une crise domestique imminente et pour que le ménage prît une partie du temps qu'on retirera, s'il le faut, à la bicyclette, paraissent avoir touché le point le plus pratique de la question.

Cuisine à part, le système coopératif serait le moyen efficace et pacifique de résoudre ce gros problème du travail. Un de ses avantages est d'assurer aux femmes le même salaire, les mêmes privilèges qu'aux hommes. La coopération est le mouvement démocratique par excellence ; par lui, l'esprit public peut être éveillé chez les hommes et chez les femmes, faisant d'eux tous de meilleurs citoyens ; il élève le niveau de la vie ; jamais les réformateurs et les théoriciens ne produiront rien qui soit l'équivalent de cet effort du peuple pour le peuple.

Notons que l'individualisme n'a pas de place dans la coopération ; elle enseigne que la vie des êtres humains est tellement entremêlée que nul ne peut rien faire de bien ou de mal sans nuire aux autres ou les servir. Les femmes ont gagné beaucoup à ce mouvement. Il leur a enseigné à s'intéresser aux choses publiques, qu'elles croyaient jusque-là être le partage exclusif de l'homme, et celui-ci s'est habitué à voir la femme s'associer à des idées qu'il la jugeait incapable de comprendre. Les diverses sociétés coopératives comptent, en

Angleterre, 1 800 000 membres ; une guilde coopérative féminine a 262 branches où figurent 12 560 femmes. Son but est l'étude de toutes les questions touchant aux problèmes sociaux du jour et aux sujets domestiques qui peuvent amener une meilleure direction du ménage et des enfants.

En Suède, la coopération fait son chemin, à peu près sur les mêmes bases qu'en Angleterre et en Ecosse ; elle rencontre, par suite de la concurrence, les mêmes difficultés dans les grands centres de population et n'a encore bien réussi que dans quelques forges, quelques scieries du Nord, ou mieux encore, pour les crémeries, les fabriques de beurre et de fromages. La coopération agricole semble destinée au succès en ce temps où, un peu partout, les travaux de la campagne sont abandonnés comme trop peu rémunérateurs. Le fermier, devenu propriétaire, arrivera, avec la culture intensive, à rendre la terre plus féconde. Pour cela encore, il faut compter sur l'effet de l'éducation.

Cette éducation industrielle des femmes a été, nous l'avons vu, abondamment traitée par le Congrès. Il a discuté aussi l'avantage qu'il peut y avoir pour elles au partage des bénéfices tel que le pratiquent, sans-mélange de coopération, certaines compagnies et maisons de commerce. Ce partage leur fait, pour le moment, un double tort, parce qu'elles ne participent aux bénéfices qu'en proportion de leur salaire, lequel est plus bas que celui de l'homme. Néanmoins elles s'y rallient en prévision d'obtenir, comme les ouvriers eux-mêmes, lentement, mais sûrement, un contrôle administratif. Tôt ou tard l'association triomphera et la rémunération aura lieu pour chaque associé, de quelque sexe qu'il soit, selon la somme et la qualité du travail fourni. Déjà les femmes contribuent à la production coopérative sortie des fabriques et ateliers qui existent par l'association du capital et du travail des ouvriers, avec ou sans aide du dehors ; ces établissements sont nombreux dans la Grande-Bretagne ; mais, jusqu'à présent, la direction générale des affaires y est laissée à l'homme. Le Congrès ne manque pas de signaler, dans l'étude de la production coopérative, notre fonderie de Guise et la grande maison Leclaire à Paris.

Pour revenir aux femmes, les *trade unions* leur rendent déjà de grands services, que ces unions soient mixtes ou qu'elles restent exclusivement féminines. Faute d'union, les salaires baissent, et il

Thérèse Bentzon

arrive trop souvent que les patrons renvoient les ouvriers pour les remplacer par des ouvrières moins bien payées, ce qui nuit aux uns et aux autres. Plus de cent mille femmes sont enrôlées aujourd'hui ; elles deviendront très vite plus nombreuses, l'opposition jalouse que leur faisaient les hommes autrefois ayant cessé, si bien qu'ils les aident à s'organiser et invitent leurs déléguées aux conseils et congrès qui, auparavant, leur restaient fermés. Le véritable obstacle, c'est l'instabilité, l'incertitude, qui empêche les jeunes filles d'arriver à une certaine habileté technique ; elles s'attendent toujours à être interrompues par le mariage. Et il ne serait pas désirable, en effet, que les femmes mariées fussent soumises à l'effort soutenu qu'exige l'incorporation dans la *trade union* ; mais il en est autrement de la femme célibataire ; c'est le remède à son ignorance des affaires, à sa faiblesse en tant qu'individu.

Conclusion : que faut-il pour améliorer la condition des ouvrières ? L'éducation d'abord : éducation morale, qui enseigne l'importance de l'union et la nécessité de certains sacrifices au bien commun ; l'éducation technique, qui augmentera le talent en agrandissant le champ des industries où peuvent se distinguer les femmes ; et enfin l'organisation. Avec le système du travail spécialisé, les travailleurs ne peuvent plus faire de contrats individuels ; les exigences de l'industrie moderne veulent que l'on travaille par groupe, et, dans toutes les questions de salaire, il s'agit du groupe, non pas de l'individu. Intérêts communs, action unir.

Coûte que coûte, on en viendra là en tous pays. Le pacifique petit Danemark est celui où les *trade unions* fonctionnent le mieux, sans excepter l'Angleterre, leur patrie d'origine. On y compte 16 pour 100 de femmes, plus du double de la proportion qui existe en Angleterre, et la fédération des ouvrières a victorieusement enlevé le salaire égal pour les deux sexes dans un certain nombre d'industries.

Le jour de la discussion des salaires au Congrès, la salle où elle avait lieu fut tellement encombrée par la foule qu'il fallut faire passer une partie de ce trop nombreux public dans une autre salle, où lecture des rapports fut donnée pour la seconde fois.

On insiste sur le travail non rétribué de la ménagère, de l'épouse, de la mère, qui n'a jamais de repos et ne recueille aucun fruit de sa peine. Sans doute il y a des ménages où tout est en commun, où le mari reconnaît la valeur de l'effort de sa femme et son droit à une moitié de la bourse qui est autant à elle qu'à lui-même. Mais combien d'autres intérieurs où le contraire se produit ! Cela commence assez haut ; dans la bourgeoisie, la mère de famille, chargée d'enfants, accablée de responsabilités, n'a pas toujours l'argent de poche nécessaire pour prendre l'omnibus ; son mari, lorsqu'il lui offre une robe neuve, s'attend à des explosions de reconnaissance ; et, quant à l'ouvrière, c'est une servante, souvent maltraitée, dont le service ne s'arrête jamais. N'y aurait-il pas lieu de forcer l'homme à reconnaître un dévouement de toutes les minutes ? Mais à quoi bon poser cette question ? Les femmes l'écarteront, comme je l'ai vu faire chez nous au Congrès des droits de la femme ; une femme éloquente, qui se glorifiait d'être du peuple, s'est élancée pour répondre avec une noblesse que je n'oublierai de ma vie. Il faut bien dire, cependant, que l'habitude de travailler pour rien retarde le développement industriel. Ce qui le retarde plus encore, c'est l'ignorance dédaigneuse du travail témoignée par certaines femmes qui ne savent, celles-là, que se faire servir, sans participer à aucun effort, tout en exerçant une égoïste influence sur la société et, chose plus grave encore, sur leurs enfants, qu'elles gâtent sous prétexte de les élever. Ces femmes-là propagent à la fois le mépris du travail et l'avidité du gain, car se faire donner sans rendre est un besoin animal assez naturel.

Qu'on se dise bien que la position d'indépendance économique qui s'ouvre aux femmes d'aujourd'hui, qu'elles ont même atteinte déjà aux États-Unis et en Angleterre, n'est pas seulement un moyen de gagner leur vie, mais que c'est le détachement de l'égoïsme individuel primitif pour un mutualisme généreux qui est l'ordre véritable de ce monde.

Les femmes doivent encourager, dans l'intérêt de la qualité du travail, le vœu de la réglementation légale des salaires ; cette réglementation existe à Melbourne (Victoria). Le minimum des salaires de certains métiers y est fixé par la loi. C'est peut-être le seul moyen d'avoir raison des mauvaises ouvrières qui font tant de tort, aux plus habiles en avilissant les prix.

Mais il ne s'agit pas seulement de l'éducation technique du producteur ; il faut aussi considérer l'éducation morale du

Thérèse Bentzon

consommateur. Un très joli rapport, envoyé des États-Unis, traite de l'éthique de la dépense ; il montre que notre manière de la concevoir influe très fort sur l'avancement de la civilisation et sur le développement du caractère. Chaque fois que nous dépensons un écu de cinq francs, nous faisons du bien ou du mal ; la demande de l'acheteur suscite un besoin économique. Quiconque achète un mauvais livre contribue au succès de la plus basse littérature. Les femmes qui refusent de porter sur leurs chapeaux. de certaines plumes mettent fin à un massacre odieux de petits oiseaux ; celles qui achètent, du linge ou des vêtements à trop bon marché sont responsables du sang et des fibres humaines tissés pour ainsi dire dans ces étoffes, etc. Notre devoir est de tourner nos goûts et nos acquisitions d'un côté qui ne puisse nuire ni aux autres ni à nous-mêmes, d'associer nos besoins personnels au bien de l'univers entier. Voilà des conseils pratiques, applicables à la vie de tous les jours, et qui ont certainement plus de portée que les nuageuses abstractions où se perdent beaucoup de féministes. La Ligue des consommateurs qui fonctionne aux États-Unis s'en est inspirée ; elle a éveillé le sentiment public jusqu'à ce que la législation s'en mêlât. Grâce à elle, les inspecteurs de l'hygiène redoublent de zèle ; les commerçants ont dû autoriser les employées dans leurs magasins à s'asseoir, à prolonger l'heure du repos ; le travail des enfants est surveillé, abrégé ; les membres de la Ligue se défendent de rien acheter les jours de fête et de congé ; ils effacent de la « Liste blanche, » qui porte les adresses des maisons de commerce de New York, tout établissement où les mesures d'humanité qu'ils proposent ne sont pas acceptées. La fédération des ligues de consommateurs qui existent déjà dans quatre États a obtenu des résultats qui s'ajoutent à l'œuvre des *trade unions*. Chacun de nous doit apprendre dès l'enfance qu'il fait partie d'une force vivante, créatrice des conditions de l'existence humaine, et qu'à tout âge, il contribuera sans cesse, fût-ce par de petites choses, à élever ou à opprimer l'humanité.

PREMIÈRE PARTIE

SECONDE PARTIE

III. — LES PROFESSIONS

Nous avons résumé l'impression générale que produisait la lecture des *Transactions* du Congrès international de Londres, à mesure qu'on s'y plongeait davantage : le but de celle assemblée féminine universelle a été parfaitement rempli, s'il ne s'agissait, comme l'a dit lady Aberdeen, que de fournir le plus de renseignements possible pour éclairer la situation, sans prétendre résoudre les problèmes, sans vouloir même tirer de conclusions trop précises. Nous avons là un admirable exposé des conditions et du développement du travail des femmes en général, dans le monde entier, à la fin du XIXe siècle. Mais d'une bien plus grande importance encore que les rapports du Congrès, — c'est lady Aberdeen qui parle, — sont les relations personnelles formées entre des travailleuses inconnues jusque-là les unes aux autres et qu'auront rapprochées des sympathies nouvelles, un sentiment nouveau de mutualité. Cela est vrai surtout pour les femmes qui exercent des professions libérales, car les ouvrières ne se sont montrées qu'en très petit nombre, gardant le silence pour la plupart, et laissant leurs intérêts aux mains de ce que leurs collègues de Paris, sur tous les tons d'une haine plus ou moins contenue, appellent des « bourgeoises. » A notre Congrès des droits de la femme, les déléguées des syndicats figuraient en personne et leurs revendications ardentes, passionnées, souvent injustes, ne m'ont pas semblé devoir produire l'harmonie des partis ; à Londres, elles semblaient absentes, au point que les organisatrices du Congrès international ont dû expliquer que la besogne journalière des travailleuses ne leur permettait pas d'être assidues aux séances, ni de venir de loin, le voyage fût-il gratuit. En revanche, les avocates, professeurs, artistes, médecins, etc., ont pu fraterniser et s'entr'écouter, si bien que deux volumes suffisent tout juste à contenir l'abrégé de leurs discours.

Faute d'espace, nous ne considérerons que les professions nouvelles. Il serait en effet superflu d'envisager la femme dans les lettres et dans les arts, où depuis longtemps elle est admise à manifester sa valeur, sans que le public tienne compte du sexe de

Thérèse Bentzon

l'écrivain ou du peintre. On n'a pas marchandé la gloire aux George Sand, aux George Eliot, aux Elizabeth Browning, aux Ackermann, aux Rosa Bonheur. Bien avant elles, les Staël et les Austen, les Rosalba, les Vigée-Lebrun et les Angelica Kaufmann avaient pris rang parmi leurs contemporains les plus célèbres. En France, l'Ecole des Beaux-Arts vient de s'ouvrir aux femmes. Le jour où, en musique, elles pourront être mieux que virtuoses ou professeurs, elles n'auront pas plus de peine que les hommes à faire accepter et exécuter un opéra ; le très petit nombre d'entre elles qui montre quelque imagination créatrice n'est certes pas méconnu. Quant à la carrière dramatique, si encombrée qu'elle soit, elle n'est pas cruelle aux actrices de génie ou seulement de talent. Laissons donc de côté l'examen des rapports qui ont Irait à ces diverses professions, qu'il faudrait appeler plutôt des vocations et dont il serait plus qu'imprudent de faire des gagne-pain.

Le journalisme, séparé des lettres en général, paraît cependant nourrir une multitude de femmes. Nous savons gré à la duchesse de Sutherland, qui présida la séance dont il fut l'objet, d'avoir si bien parlé de la nécessité ; qu'il y aurait à lui conserver le ton de la littérature au lieu de le réduire, comme il arrive trop souvent, à n'être qu'un instrument, de scandale. Avec une honnête énergie, elle signale les méfaits d'une certaine presse ; mieux vaudrait mille fois balayer ou laver le plancher que se dégrader, dit-elle, à cette vile besogne.

Aux États-Unis, des légions de femmes s'intitulent journalistes ; on croit généralement là-bas a, la nécessité, pour ce métier comme pour tous les autres, d'une préparation technique, et plusieurs Universités lui consacrent un « département » spécial. Ceux qui estiment, nous dit-on en passant, que le journalisme est en quelque sorte la bohème de la littérature, se moquent un peu de ce stage universitaire ; et elles ne l'ont pas toutes subi, les dames journalistes qui gagnent à New York ou à Chicago de 20 000 à 40 000 francs par an. Ce sont des exceptions, il est vrai, et les mille reporters femelles que relève le dernier recensement se contentent de beaucoup moins. La plupart sont sténographes et, de premier jet, écrivent à la machine, — certains grands journaux n'acceptant de copie que sous cette forme. L'*interview* s'impose à elles, bien entendu ; elles en abusent avec une indiscrétion que connaissent

SECONDE PARTIE

seuls dans toute son horreur ceux qui en ont été victimes ; ce qu'elles pourchassent, c'est la nouveauté. Le public demande chaque jour un tableau dramatique et mouvementé de ce qui s'est passé depuis vingt-quatre heures. Pour faire moisson de nouvelles, la femme-reporter sort par tous les temps, voit toute sorte de gens et, comme le dit l'une d'elles, est tenue de posséder trois ou quatre qualités principales : le sens commun, du calme, ce qu'il en faut pour pouvoir au milieu d'un cyclone, sans broncher, prendre des notes, un bon caractère, et, cette absence de susceptibilité qui l'empêche de remarquer au bureau du journal que ses confrères gardent leur chapeau sur la tête ou mettent leurs pieds sur la table. Quelques-unes gagnent ainsi plus d'argent que les innombrables fournisseurs attitrés de romans, d'essais, et de poésies pour *Magazines*. Mais le gain d'un simple reporter dans les grandes villes n'est guère que de vingt à quarante dollars par semaine.

A travers toute la République circulent des journaux hebdomadaires sous une direction féminine ; il n'en est aucun cependant dont on puisse dire, comme chez nous de *la Fronde*, qu'il soit fondé, rédigé, administré entièrement par des femmes. L'Américaine s'entend autant que l'Américain à faire réussir les périodiques populaires et à les soutenir au moyen des annonces. Les syndicats qui ont transformé le journalisme du Nouveau Monde sortirent, à l'origine, d'une inspiration féminine, celle, dit-on, de Mrs Croly. En tous pays, d'ailleurs, il n'y a guère aujourd'hui de feuille politique ou autre qui ne compte des collaboratrices et des correspondantes.

L'Allemagne témoigne une faveur croissante aux femmes publicistes : la baronne de Suttner, au leur d'un roman célèbre sur l'arbitrage et la paix universelle, y dirige le périodique très répandu : *Die Waffen nieder* (A bas les armes). Mais on ne saurait se dissimuler qu'au point de vue économique, le petit journalisme, celui qui fournit des articles intitulés, par exemple, *Ce que mangent les reines*, soit plus rémunérateur que le journalisme littéraire et sérieux.

L'a médecine a aussi beaucoup d'adeptes : rapport très remarquable du docteur Sarah Hackett Stevenson, une éminente praticienne de Chicago. Elle part d'une idée générale, indique trois époques dans l'évolution de la race humaine et du sort de la femme. Quand l'homme chassait pour sa subsistance, la femme se confinait aux emplois élémentaires de l'agriculture et de l'industrie ; une seconde période fut caractérisée par la division du travail, devenu spécial pour l'homme, universel pour la femme ; puis surgirent les industries productives : la conquête de la nature par les machines commença, la femme cessa d'être tisserand, boulanger, etc.. Maintenant ce sont les idées qui se dressent au gouvernail, et les idées ne sont ni mâles ni femelles ; que la femme le veuille ou non, elle a un rôle à jouer dans l'évolution sociale qui s'est produite. Comment ne se tournerait-elle pas vers les sciences médicales, dont Descartes fut le premier à dire que, si le perfectionnement de l'espèce humaine est possible, c'est là qu'il faut en chercher le moyen ? Mais, bien loin de tirer vanité de la multitude de femmes médecins qui existent dans son pays, cette Américaine de Chicago qui cite notre vieux Descartes souhaite que le fléau des Facultés de fantaisie et des diplômes irréguliers cesse au plus vite, et qu'une hiérarchie médicale uniforme soit établie dans tous les pays pour empêcher le demi-savoir et les maux qui en découlent.

L'exemple de l'Amérique a porté des fruits. Une *doctoresse* allemande du nom de Tiburtins raconte que, lors de sa visite à New York, elle fut frappée de l'œuvre accompli par les femmes dans les dispensaires et se proposa d'en faire autant à Berlin. Elle rencontra d'abord quelques difficultés, l'Allemagne étant lente à changer ses habitudes, mais maintenant Berlin possède un dispensaire où plus de 30 000 indigents reçoivent des secours.

Pareillement, en Hollande, le docteur Aletta Jacobs fut longtemps seule de son sexe. Aujourd'hui, dit-elle, l'impulsion est enfin donnée, du moins pour ce qui concerne le traitement des femmes et des ennuis. La Société de gynécologie a un secrétaire femme. L'un des trois médecins municipaux récemment nommés par le conseil de la ville d'Amsterdam est une femme, rémunérée comme ses confrères mules.

Deux dames russes, deux docteurs, rendent compte de la lutte intrépide que leurs compatriotes livrèrent à d'anciens préjugés pour arriver aux études supérieures et a. l'exercice de la médecine. La première qui s'y jeta fut la fille d'un serf, Nadeschda Susloff ; elle prit ses degrés à Zurich, en 1867. Ses très nombreuses imitatrices témoignèrent des dons merveilleux de ténacité et d'endurance

SECONDE PARTIE

qui forment le fond de l'âme russe. Nourries tout juste assez pour ne pas mourir de faim, pauvrement vêtues, tristement isolées à l'étranger, les étudiantes travaillaient pour la plupart avec l'idée mystique de mener une vie de sacrifices au milieu des paysans. C'est à Mlle Rodstwennaïa et à sa mère que l'on dut les fonds nécessaires à l'établissement des premiers cours qui, avec la permission de l'Empereur, furent créés à l'Académie de médecine et de chirurgie de Pétersbourg. Elles donnèrent pour cela tout l'argent qu'elles avaient laborieusement gagné en Sibérie. Le tsar Nicolas II s'est montré favorable aux femmes médecins et généreux envers l'Institut dont elles sortent. Dans les campagnes de l'intérieur surtout, elles font un bien inestimable ; leur courage n'a d'égal que leur désintéressement. A Pétersbourg, on les trouve au nombre de 55 dans 28 hôpitaux ; il y en a aussi dans les écoles, dans le service municipal des plus misérables quartiers ; le dispensaire se tient chez elles et doit être ouvert tous les jours. Plusieurs ont une assez vaste clientèle et des spécialités reconnues. Il y a près de dix ans qu'elles ont fondé une société d'aide morale et matérielle, où l'argent est prêté sans intérêts à celles qui traversent des difficultés temporaires. Cette société forme un centre où se discutent les questions professionnelles.

Les femmes représentant plus de la moitié de la race humaine, on peut dire que la moitié des malades sont des femmes. Il semble donc naturel que cette partie de l'humanité souffrante puisse se confier à d'autres femmes. En Norvège, en Danemark, en Finlande, leur accès à l'exercice de la médecine n'a rencontré aucune opposition ; et l'on sait qu'à Paris il y a aujourd'hui une vingtaine de praticiennes ; la femme, victoire sérieuse ! y a forcé les portes de l'internat.

Pourquoi, demande Mlle Maria Popelin, la Faculté de Droit serait-elle inabordable, quand la Faculté de Médecine ne l'est pas ? — Moins heureuse, que ne l'a été en France Mlle Jeanne Chauvin, Mlle Popelin, docteur en droit, se voit interdire le barreau dans son pays, la Belgique. Elle n'insiste pas sur ses griefs personnels, mais, dans l'intérêt même de la société, veut que la femme ait part aux fonctions sociales. Tout ce qui arrêtera, dit-elle, le progrès d'un des sexes empêchera celui de l'autre, La faiblesse de sa constitution, une réserve inhérente à sa nature, sa mission spéciale en ce monde

Thérèse Bentzon

défendent à la femme de certaines carrières, au dire de ceux qui paraissent craindre qu'elle n'empiète sur un terrain privilégié. Mais pourquoi n'est-il question ni de cette réserve, ni de cette faiblesse, lorsque la misère l'oblige d'accepter les emplois les plus bas, les plus fatigants et les plus mal rétribués, ou encore de tomber dans la galanterie ? Que les devoirs de la famille passent avant tout, soit, mais les femmes qui n'ont pas de famille, les isolées si nombreuses, pourquoi donc arrêterait-on leur élan, de quelque côté qu'il les porte ?

Les États-Unis viennent à la rescousse. Depuis vingt-cinq ans, les Facultés de droit accueillent les femmes, dans l'Ouest tout au moins. Les avocates autorisées à plaider se comptent par centaines ; de riches héritières éprouvent aussi le besoin d'acquérir les connaissances légales utiles pour administrer leur fortune. Et toutes celles qui étudient le droit s'accordent à reconnaître qu'il n'y a pas de meilleure discipline intellectuelle. La situation de la femme devant la loi, ce point si complexe, si important, ne pourra être décidé sans l'aide des femmes elles-mêmes. Aussi le mouvement féministe aux États-Unis a-t-il nécessairement fait éclore des femmes de loi savantes et expérimentées, capables de donner leur avis sur les questions tant débattues du mariage, du divorce, de la tutelle, des enfants, etc. Il importe à la famille que les épouses et les mères soient instruites, mieux qu'elles ne l'étaient autrefois, des lois qui gouvernent leur sexe. Grâce à elles, on considérera désormais le côté féminin de questions dont ou ne voyait jusqu'ici que le côté masculin. C'est au fond le même principe qui, en Amérique, donne aux femmes le droit de prendre la parole partout, même en qualité de ministre de la religion. L'heure de la femme a sonné ; il est temps d'avoir l'opinion de la femme sur tous les sujets. Dieu veuille qu'elle la donne raisonnable et que ce ne soit pas une fausse note de plus dans la cacophonie générale !

Un pays sagement féministe me paraît être la Suède. La libre constitution, les traditions nationales y ont toujours assigné un très haut rang aux femmes ; elles ont accès à toutes les professions ; il n'y a de fermées devant elles que l'Église et l'armée ; 63 pour 100 des professeurs de l'instruction nationale sont des femmes ; les hommes leur font place avec une rare courtoisie, et cependant elles ne sortent qu'avec répugnance du cercle de la famille ; elles

SECONDE PARTIE

manquent d'ambition. Une seule, jusqu'ici, est devenue agrégée d'Université. Mais elles se sont distinguées dans les arts, dans la littérature d'imagination ; les sphères les plus élevées de la société tiennent le travail intellectuel en honneur. Au reste, comme partout, les carrières administratives ne leur réservent pas les meilleures places (il n'y a encore que la petite Suisse où l'administration des postes ait admis l'égalité du traitement pour les deux sexes). De même l'ouvrière reçoit un salaire inférieur à celui de l'ouvrier ; la raison en est peut-être qu'elle ne fréquente guère la fabrique après son mariage. L'absence de femmes, dans beaucoup de métiers, tient à ce que la Suédoise travaille beaucoup moins au dehors que ses sœurs des grands pays industriels. La lutte pour l'existence ne se fait pas encore sentir âprement en Suède. Heureux pays, où la vie est longue plus que dans toutes les autres contrées de l'Europe, où l'immoralité semble avoir pénétré moins qu'ailleurs, puisque le nombre des enfants naturels n'a pas augmenté depuis un demi-siècle, qu'il a même diminué à Stockholm. Des chiffres éloquents sont produits ; la criminalité décroît singulièrement chez les femmes. Faut-il conclure de tout cela que le meilleur moyen d'empêcher la femme d'abuser de ses droits est de lui en accorder beaucoup ?

Les professions nouvelles où les femmes se sont précipitées avec le plus d'engouement peut-être, tant en Amérique qu'en Angleterre (car la philanthropie peut, comme tout autre emploi de notre activité, devenir affaire de mode), est la profession de *nurse* ou d'infirmière. Il y a longtemps que Florence Nightingale, cette infirmière modèle qui joua un si grand rôle auprès des blessés dans la guerre de Crimée, a dit : « Soigner les malades est un art, c'est même un des beaux-arts, et il ne souffre pas la médiocrité ; on ne saurait soigner en amateur. » Certes elle ne pouvait désirer un enseignement plus complet que celui qui est donné aujourd'hui à ses émules. Aux États-Unis, les *nurses* ne font pas moins de trois années d'études à l'hôpital. Première année : la salle, avec leçons d'anatomie et de physiologie ; seconde année : la cuisine, rudiments de chimie, étude scientifique de l'effet et de la valeur des aliments ; troisième année : leçons aux débutantes, étude d'une langue étrangère, etc. Examen final au bout de trois ans. L'association des infirmières diplômées procure aussi des gardes à domicile ; elle

Thérèse Bentzon

est vraiment composée de femmes d'élite, ayant à cœur la dignité de leur profession. Dans les pays catholiques, tels que le Canada, les religieuses ont et auront probablement toujours la préférence ; mais, au Canada même, dans l'Ouest surtout, l'ordre des infirmières ambulantes, organisé par lady Aberdeen, a cependant trouvé place. En effet le Canada ne se borne pas à la vaste province française de Québec ; il s'étend sur d'immenses espaces qui n'ont en tout que cinq à six millions d'habitants. Le pionnier qui défriche des terres loin du moindre village ne peut guère appeler de médecin en cas de maladie ; il lui est même difficile de s'assurer les soins d'une servante. La *nurse* du district apparaît alors comme une providence. Les centres de l'ordre auxquels on peut la demander sont plantés de distance en distance, chacun d'eux ayant à sa tête une surintendante. Il faut, pour être admise au rang d'infirmière Victorienne, avoir d'abord le diplôme d'une école attachée à quelque hôpital en renom et ensuite avoir fait l'apprentissage de la carrière d'ambulance, tout en apprenant à soigner les pauvres et en se renseignant sur les mœurs et habitudes du pays. La bicyclette est d'un grand secours pour circuler pendant la saison d'été ; l'hiver, la neige oblige à d'autres moyens de locomotion. Dans deux localités les Victoriennes ont de petits hôpitaux où sont reçus les laboureurs des fermes et des ranches. Elles vont jusqu'au Klondyke. Leurs services n'ont pas été superflus durant une terrible épidémie de fièvre typhoïde. Ainsi, nous dit-on, les périls auxquels les hommes s'exposent pour l'amour de l'or sont bravés par les femmes pour l'amour du devoir.

Un véritable esprit de charité peut aussi élever singulièrement le rôle que joue, dans les grands centres manufacturiers d'Angleterre, du Canada, des États-Unis, l'inspectrice du travail. En Hollande, elle n'est encore qu'inspectrice adjointe ; on espère lui voir bientôt prendre la place de l'homme dans toutes les fabriques où sont employées des femmes. Mais il faut, pour bien exercer ces fonctions, être au courant des lois sur le travail en son propre pays, connaître les principales stipulations de ces lois à l'étranger, posséder les notions voulues d'hygiène, être pratiquement renseignée sur le mouvement des machines et des outils dans les diverses branches de l'industrie. Les sept inspectrices de fabriques déjà nommées en Angleterre, se transportent partout où il y a une enquête à faire

SECONDE PARTIE

sur le travail des femmes. Elles complètent le corps si utile des inspectrices de la salubrité publique, dont le nombre augmente toujours à Londres et dans les autres grandes villes. On sait quelles sont en France les attributions des inspectrices des écoles, des asiles, etc. Les différences du traitement, qui varie de quatre cents livres sterling par an à une livre par semaine, sont particulières à la Grande-Bretagne, où cette question relève tantôt de l'État, tantôt ; des autorités locales.

Une carrière qui n'atteint tout son développement qu'en Amérique est celle de bibliothécaire : elle n'est pas exclusivement féminine, mais le grand nombre des élèves de quatre écoles préparatoires, existantes aujourd'hui, se recrute parmi les femmes. L'explication en est simple : les hommes de même condition sont appelés de préférence par la vie industrielle.

Chaque année une centaine de diplômées sortent de ces écoles et sont aussitôt placées, car il n'y a guère de localité, si petite qu'elle soit, qui n'ait sa bibliothèque publique ; libre. Le mot de Carlyle a fait fortune : « Les bibliothèques sont les universités du peuple. » Leur effet sur le progrès intellectuel de la nation est reconnu. L'école, l'asile, le *settlement*, la prison, etc., ont pour annexe une bibliothèque ; des bibliothèques circulantes, représentées par de gros paquets de livres soigneusement choisis, sont expédiées jusqu'aux plus lointains défrichements. La jeunesse, l'enfance elle-même, reçoivent leur abondante pâture littéraire, et les qualités maternelles de la femme, ses aptitudes d'éducatrice trouvent ici à s'employer ; son conseil est souvent demandé par des gens de culture très diverse. Elle doit avoir beaucoup de tact, outre les connaissances acquises en quatre années d'études spéciales couronnées par des examens qui portent sur l'histoire littéraire, le mécanisme de la typographie, la bibliographie appliquée, la lecture des manuscrits, les langues, etc. On constate le soin particulier que niellent les femmes à dresser les index, tables, répertoires, catalogues. Il y a des bibliothécaires femmes au Canada, en Australie, dans l'Afrique du Sud et jusqu'à Honolulu ; en Suède, les femmes sont surtout employées comme assistantes ; en Suisse, le musée cantonal de Fribourg a une directrice ; en France, Mlle Pellechet a dressé le catalogue des incunables. En Angleterre, les emplois de bibliothécaires féminins sont moins nombreux et moins

Thérèse Bentzon

bien rétribués qu'en Amérique ; mais, comme en Amérique, les femmes se poussent au premier rang pour les places de secrétaires, de sténographes, pour la tenue des livres, le travail de bureau, la correspondance commerciale. L'écriture à la machine fait vivre une armée de jeunes filles. Ce sont là, par excellence des professions nouvelles.

Il y en a aussi parmi les travaux manuels. L'influence de Ruskin et de Morris a produit en Angleterre le réveil des arts décoratifs, élevés souvent au niveau du grand art, par exemple la sculpture sur bois. L'école spéciale où ou l'enseigne à Londres est dirigée par une femme. Au collège de Reading, une autre femme est à la tête de certaine section dont le but paraît être de développer l'imagination de l'élève autant que l'habileté de ses doigts, de la détourner surtout des imitations prétentieuses. La reliure prospère entre les mains d'une guilde féminine. Il n'y a guère plus de dix ans, ce métier était tout entier accaparé par les hommes ; quelques femmes de goût, qui avaient passé par les écoles d'art, découvrirent que les couvertures de livres offrent un champ illimité à la fantaisie, puisqu'on peut y exprimer symboliquement le contenu du livre lui-même. De courageuses ouvrières s'approprièrent le maniement assez dur des outils, et, bientôt réussirent à exceller dans une profession qui a le grand mérite de n'être pas précaire. Les commandes ne s'arrêtent jamais.

En photographie, les Anglaises s'efforcent de surpasser la simple photographie commerciale. L'exemple leur a été donné par une artiste profondément originale. Mrs Cameron.

La bijouterie d'art représente encore, malgré les difficultés et les lenteurs de l'apprentissage, un des nombreux débouchés qui se sont ouverts depuis peu ; on en a vu des échantillons à l'Exposition de 1900.

La peinture sur verre fleurit surtout aux États-Unis, où la renaissance du vitrail compte une femme, Mrs Sara à Whitman, parmi ses plus éminents promoteurs.

Les écoles professionnelles de France, bien loin d'avoir à envier celles de l'étranger, leur donnent l'exemple ; nous avons, nous aussi, nos professions nouvelles ; les femmes dessinateurs, graveurs, imprimeurs rivalisent avec leurs confrères de l'autre sexe, au grand

SECONDE PARTIE

dépit parfois de ceux-ci, qui les rendent injustement responsables de l'avilissement des salaires.

En Danemark, la femme s'adonne avec succès à l'ébénisterie. « Il n'existe pas encore de *charpentières* ni de *maçonnes*, dit un rapport venu de ce pays, mais, la maison une fois bâtie, les femmes sont parfaitement capables de la meubler tout entière. Grâce à l'école de dessin et d'arts appliqués qui prospère depuis vingt-cinq ans, un nombre considérable d'entre elles s'est mis à fabriquer des châssis, des serrures, des lampes électriques ; il y a des femmes vitriers, horlogers, céramistes, etc. Les deux plus grandes « artisanes » de Copenhague sont Mlles Horsböl et Christensen, toutes les deux menuisières, employant chacune une vingtaine d'ouvriers et gagnant chacune aussi environ 50 000 francs net. Il y a quatre ans qu'elles sont dans les affaires, et elles commencent à former des apprenties ; jusqu'ici, elles n'employaient que des hommes, mais l'honnêteté générale des mœurs empêche qu'il y ait inconvénient à rapprocher en un même travail les ouvriers des deux sexes. Et peu importe aux hommes d'avoir affaire à des patronnes, car, en Danemark, les patrons ont leur organisation, les ouvriers ont la leur, et tous les points en litige sont réglés entre ces deux puissances sans que l'on fasse intervenir les personnalités. Jamais les artisanes danoises n'ont abaissé leurs prix ; elles élèvent plutôt la valeur du travail. De sorte qu'au lieu de lutter contre les hommes en dépréciant l'ouvrage, elles établissent la rivalité sur le terrain de l'excellence et se font respecter ainsi.

Les carrières agricoles sont de celles auxquelles les femmes en tous pays doivent être encouragées. C'est l'agriculture qui peut donner à l'Angleterre la solution de deux grands problèmes, la dépopulation des campagnes et l'emploi d'un million de femmes en trop. Le premier de ces problèmes s'impose un peu partout ; on le résoudrait en inspirant aux femmes le goût de la terre, en leur apprenant à la cultiver et à en tirer, comme auxiliaires intelligentes de l'homme, ce qui est nécessaire à la vie. Les écoles ambulantes, avec accompagnement de conférences, font merveille en Belgique : leur organisation, leur fonctionnement ont été longuement expliqués au Congrès. Il faut que les femmes, pour quelque profession que ce soit, ne se bornent plus à des qualités purement instinctives, mais qu'elles s'y préparent, comme font les hommes. A cette fin, lady

Thérèse Bentzon

Warwick a fondé un *home* admirable. Le collège de Reading, avec son vaste département d'agriculture subventionné par le ministère, est tout près ; il fournit l'éducation scientifique et théorique aux étudiantes, sans préjudice des travaux pratiques dans deux groupes principaux entre lesquels l'enseignement est divisé : l'horticulture et la laiterie, plus la basse-cour et l'élevage des abeilles. A sa sortie du *Lady Warwick's hostel*, l'étudiante, si elle a satisfait aux examens, reçoit un certificat délivré par les comités réunis d'Oxford et de Reading. Des filles bien élevées ont déjà choisi cette voie, qui n'a rien d'incompatible, tout au contraire, avec la vie de famille.

Dans certaines colonies anglaises les femmes prennent sur elles les travaux les moins lourds de l'agriculture ; celles de la Nouvelle-Galles forment une association industrielle pour l'élevage des vers à soie ; celles de la Nouvelle-Zélande contribuent à l'élevage si productif des autruches. Le collège de Swanley (Kent) a déjà répandu dans le Royaume-Uni des jardinières habiles, sans compter celles qui occupent le rang de professeurs dans diverses institutions, où l'on prélude aux besognes rustiques par la géométrie, la géologie, la chimie, la botanique, le dessin à main levée. L'art de jardinière-paysagiste surgit en Amérique, tandis que commencent à s'ouvrir aux hommes des écoles forestières dont l'absence était déplorable. En Californie, le pays du monde qui donne le plus de fruits, beaucoup de femmes exploitent les vergers immenses dont elles sont propriétaires ; le produit, par tonnes, de ces forêts d'arbres fruitiers, chargent des navires. Il va de soi que les jardinières, maraîchères, etc., n'ont aucune prétention à se passer de l'homme pour les travaux qui exigent des muscles. Là comme partout, les deux sexes peuvent travailler côte à côte.

Le jardinage pratiqué dans les asiles, dans les maisons de convalescence, paraît être doublement utile aux pensionnaires, dont il emploie les forces et améliore le régime. Et ceci se rattache aux observations de nombreuses sociétés féminines d'hygiène qui fonctionnent en Danemark, mieux encore peut-être qu'ailleurs, distribuant un enseignement indispensable aux femmes, qui partout sont appelées, sans exception, à être gardes-malades, ménagères, à soigner leurs vieux parents ou leurs jeunes enfants. On les initie à l'hygiène, à l'économie domestique, à l'étude de la coopération et de la subordination existantes dans la machine

SECONDE PARTIE

humaine ; de tout, cela elles tirent des lumières sur les lois de la vie, sur la relation sacrée, de l'individu et de la société, ou de la race, et d'abord elles se perfectionnent dans le plus indispensable de tous les arts, celui de bien diriger leur famille et leur maison.

Quant à l'utilité des professions en général pour les femmes, je crois qu'il faut méditer le discours si suggestif et si sensé d'une dame anglaise, Mrs Fenwick Miller, sur l'effet qu'elles produisent dans la vie domestique. Leurs avantages sont ceux-ci : offrir un aliment, précieux aux filles qui ne se marient pas et dont la vie manquée s'écoulait inutile et languissante auprès de parents qui, d'aventure, les laissaient sans ressources, désarmées contre la vie, à un âge où l'on ne peut plus rien commencer ; faciliter le mariage dans tel cas où le gain de la femme s'ajoute à celui du mari et produit l'aisance. La mère de famille devra nécessairement se faire aider pour les soins matériels, car une femme qui travaille ne saurait être une femme de foyer selon les anciennes formules, mais les enfants gagneront au développement de l'intelligence et des talents de leur mère. Le péril serait dans les habitudes de paresse que prend volontiers le mari en pareille occurrence. Mrs Fenwick Miller signale cette grave menace : très fréquemment il s'appuie sur sa femme aussitôt qu'il la voit se suffire à elle-même. En Allemagne et dans plusieurs des États de l'Union, on a prévu le cas par des mesures légales contre l'oisiveté de tout homme qui ne contribue pas ii nourrir sa famille. Le divorce peut s'ensuivre, entraînant de certaines obligations pécuniaires du père envers ses enfants. Un autre point délicat, franchement abordé dans le même rapport, c'est l'impossibilité pour la femme de concilier l'exercice d'une profession avec une progéniture nombreuse. La mère de beaucoup d'enfants suffit tout juste aux devoirs de la femme d'autrefois ; la femme nouvelle n'aura que peu d'enfants, — comme en France, ajoute, hélas ! Mrs Fenwick Miller ! La maternité quasi périodique serait une cause de grève : on ne peut bien faire deux choses à la fois. Cette déclaration formelle, que personne ne contredit, est à, enregistrer, — et à méditer !

Thérèse Bentzon

IV. — L'EDUCATION

Ce qui précède montre assez quel vaste champ s'est ouvert depuis une dizaine d'années à l'activité de la femme, et nous n'avons pas abordé encore la sphère pour laquelle la nature semble l'avoir créée spécialement.

De tous les sujets discutés par le Congrès, le plus intéressant est peut-être celui de l'éducation, et d'abord la psychologie de l'enfance à propos de laquelle Anglaises et Américaines échangent leurs vues. L'éducation du petit enfant n'est pas une affaire de papier imprimé ; il s'agit de le prendre tel qu'il est tout entier, corps et âme, et de l'aider, sans le contraindre, à faire de ses facultés le meilleur usage possible durant le voyage de la vie. De ces quatre ou cinq premières années dépend en effet l'orientation de la sociologie et, en un certain sens, la direction du mouvement scientifique s'il ne saurait conduire à rien de plus haut que le développement de rame humaine. On en est persuadé aux États-Unis, si bien qu'il ne se trouve presque pas d'État qui ne possède une *Child Study Society* conviant ses membres à s'informer de tout ce qui regarde l'enfance.

En Angleterre, celle même étude est organisée ; un peu partout elle a donné naissance à une littérature spéciale, livres ou journaux, qui enregistre les résultats d'une minutieuse investigation de l'enfance. Et l'investigation a bien ses inconvénients. — car elle provoque chez celui qui en est l'objet cette *self-consciousness*, cette conscience excessive de soi-même, beaucoup plus fréquente, on le sait, dans les pays anglo-saxons et protestants, qui pratiquent le perpétuel examen, que dans les pays latins. En revanche, l'attitude des maîtres y gagne ; ils deviennent en quelque sorte étudiants attentifs devant le grave problème qui leur est posé ; la discipline entre leurs mains cesse d'être aveugle ; plus qu'autrefois ils se proposent comme objectif non pas seulement de meubler un jeune esprit, mais, avant tout, de former un caractère.

Une véritable révolution est en train de se produire dans les moyens pédagogiques : on écartera les méthodes trop sèches, on commencera, dès le premier âge, l'éducation de la volonté. C'est aussi l'éducation des parens qu'il faudra entreprendre, afin qu'ils conçoivent leurs responsabilités d'une façon plus large ; car ce qu'ils ont à faire n'est pas d'élever leurs enfants précisément comme ils ont été élevés eux-mêmes dans un temps qui n'est plus, mais en tenant compte des idées et des tendances qui seront inévitablement celles de la génération suivante, et en préparant par une intelligente culture l'avenir de cette génération. Ainsi le père de famille aurait tort désormais de se refuser à faire pour l'éducation de sa fille les mêmes sacrifices qu'il a faits pour celle de son fils, sous prétexte que les hommes ont seuls besoin de s'ouvrir une carrière. Le travail ennoblit la femme autant que l'homme et, faute du genre d'indépendance qu'il procure, la jeune fille court des risques plus grands que ceux qui peuvent menacer son frère.

Notre siècle est par excellence un siècle d'apprentissage ; les parens doivent coopérer étroitement avec les maîtres pour diriger l'enfant vers de certaines fins sans rien laisser au hasard. Cela ne veut pas dire qu'il convienne de le bourrer d'idées toutes faites ; au contraire, on le laissera digérer les idées présentées à son intelligence et se les assimiler lui-même.

Le point important, c'est que le tout petit enfant soit entouré de guides aussi compétons que pourront l'être par la suite ses autres professeurs. Les dévouements aveugles, les tendresses doublées d'ignorance lui sont funestes. Une fois pour toutes on l'a reconnu ; et néanmoins les parens les plus éclairés détournent trop souvent de son véritable sens le mot de Frœbel : « Vivons pour nos enfants. » En exagérant l'aide extérieure qu'ils prêtent sans cesse à ceux-ci, ils gênent le développement général de leur nature. Le plus petit est tenu, d'aborder et de vaincre tout seul ses propres difficultés, de supporter la conséquence de ses propres erreurs ; en lui rendant le chemin trop facile, soif pour l'étude, soit dans la vie de tous les jours, on énerve chez lui des qualités précieuses d'énergie et de persévérance. L'enfant, environné d'une atmosphère de constante sollicitude, devient fatalement égoïste. Jamais il ne l'a été plus qu'aujourd'hui, bien que l'altruisme soit en principe la clef de voûte de l'éducation moderne. A qui la faute ? Aux parents qui s'occupent trop de lui ou plutôt qui s'en occupent mal. Ils peuvent éviter ce danger en allant jusqu'au bout du conseil de Frœbel : élever l'homme futur en harmonie avec Dieu, fortifier autant que possible l'impulsion religieuse chez ce jeune être humain. C'est

Thérèse Bentzon

la base même des vraies méthodes du *Kindergarten*, l'éducation fondée sur les actes. Celle idée du jardin de l'enfance est juste et charmante : le jardinier surveille les plantes sans doute, mais il les laisse croître selon les lois de la nature, et se garde d'arracher à tout moment l'arbuste pour voir où en sont les racines. De même le maître ne cherchera pas « à faire quelque chose de son élève, » mais simplement à protéger l'expansion du caractère original. Le *Kindergarten*, avec ses occupations variées, a ce mérite incomparable d'être fondé sur les lois mêmes de la nature de l'enfant, lois scrupuleusement observées dans l'organisation des jeux, qui sont des leçons, et des leçons qui représentent autant de jeux. Toutes les activités physiques et intellectuelles du polit être trouvent l'occasion de s'y manifester. Et Frœbel a remis cette culture première de la tendre plante humaine tout spécialement aux mains de la femme. Sans elle, dit-il, l'éducation ne peut avoir une base naturelle et saine. Le *Kindergarten* était donc à ses yeux l'éducation de la femme autant que celle de l'enfant ; leurs deux vies s'appartiennent l'une à l'autre, elles sont inséparables. En élevant l'enfant, ce pédagogue génial émancipa la mère, prenant à tache d'éclairer l'instinct sacré de la maternité, d'en faire une science. On sait les progrès merveilleux qu'a, depuis une trentaine d'années, accomplis l'éducation du peuple partout où prévaut la méthode de Frœbel ; il serait à souhaiter que cette méthode fût toujours et, pour toutes les classes un prélude aux études primaires proprement dites.

L'idée de *Kindergarten* gratuits où l'éducation des parents se poursuivrait en même temps que celle des enfants est suggérée par le Congrès ; les mères, qui peuvent manquer de lumières, venant assister au développement graduel de leurs enfants, se rendraient compte des moyens d'action employés sur eux. Les jeunes filles feraient, elles aussi, leur apprentissage maternel ; parents et maîtres entreraient dans la communion désirable. Elever les mères pour que les enfants soient bien élevés à leur four, n'est-ce pas le conseil de Napoléon répondant, dit-on, à qui demandait vers quel âge devait commencer l'éducation de l'enfant : « Vingt ans avant sa naissance, par la mère ? »

Les vues générales de Peslalozzi et de Frœbel au sujet des leçons objectives et concrètes sont hautement appréciées en Angleterre,

SECONDE PARTIE

où l'on proclame de plus en plus que la construction du caractère doit passer avant le savoir.

Une Allemande fait l'ingénieuse proposition suivante :

Dans son pays, où les droits des femmes sont encore très contestés, ou donne pour raison à la position inférieure du sexe réputé faible qu'il ne sert point la patrie, comme si ce n'était pas la servir que lui donner des citoyens ! Soit, le service militaire est une excellente discipline. Eh bien ! les femmes en réclament une autre pour leur part, l'obligation de servir elles aussi, toutes, sans exception, l'espace d'une année, non pas sous les armes, mais dans les *Kindergarten*.

A propos de l'école primaire, une déléguée des États-Unis s'élève contre la spécialisation du travail des petites filles. Assurément, dit-elle, le nouvel Evangile universellement admis veut que l'homme soit quelque chose de plus qu'une machine mentale d'une part et un manœuvre de l'autre, il veut que l'éducation bien entendue s'applique, dans toutes les classes, à la main comme au cerveau ; mais il ne s'ensuit pas que l'élève, dès l'enfance et la première jeunesse, se trouve bien d'être plié à la préparation définie de la carrière qu'il embrassera plus tard. Les spécialisations précoces diminuent l'individu dans le présent et pour l'avenir.

Cette crainte de la spécialisation peut sembler discutable quand il s'agit de renseignement de la couture ; elle mérite cependant d'être enregistrée ; elle explique comment la femme, en Amérique, croit contribuer au véritable progrès de l'humanité en marchant sur les traces de l'homme vers une plus large conception de la vie ; et nous ne refuserons pas d'admettre qu'il lui soit utile autant qu'à l'homme d'apprendre à regarder tout autour d'elle pour mieux embrasser l'ensemble des choses. Molière l'a dit avant Mrs Stanton Blatch :

Je consens qu'une femme ait des clartés de tout.

En Suède, le travail manuel est conduit à souhait, dans les écoles élémentaires, en évitant la spécialisation. Les garçons de sept à dix ans suivent avec les petites filles les classes de tricot, de couture et de raccommodage. Un système ingénieux, que l'on doit à Mlle Huelda Lundin, permet que la démonstration du point ou de la reprise puisse être faite par une seule maîtresse à un nombre considérable d'élèves. Ayant atteint leurs dix ans, les garçons passent à un autre genre de besogne, la fabrication des objets en bois et en carton, qu'ils mènent de front avec le travail intellectuel et qui, par la suite, constitue leur part du *sloyd* à domicile dont j›ai déjà parlé au chapitre sur l›industrie.

En Italie le sort des institutrices primaires mérite notre pitié. Leur nombre est de près du double de celui des instituteurs, il dépasse le chiffre de 36 000, elle salaire de chacune, qui devrait être de 500 à 600 lires par an, se réduit dans les districts éloignés à 250 ou 100 lires pour instruire de 80 à 120 enfants. Eloignées des ressources de la vie civilisée autant que de la surveillance des inspecteurs, elles périssent littéralement d'inanition physique et intellectuelle. Une loi récente a enfin décrété qu'une pièce de terre serait annexée à chaque école communale, et que les élèves, sous la direction du maître ou de la maîtresse, y acquerraient des connaissances d'agriculture pratique tout en contribuant ainsi à nourrir ces victimes du système actuel de l'instruction publique. L'exercice en lui-même est bon ; il se rattache indirectement à un programme d'éducation physique qui est en train de s'imposer dans le monde entier sous forme de gymnastique appropriée au sexe et à 1 âge, en évitant l'abus les jeux athlétiques dont on est plus ou moins revenu.

Excellents rapports sur les écoles secondaires. On se demande en Angleterre si certaines leçons de valeur morale données à l'ancienne mode n'étaient pas préférables au système d'aujourd'hui, qui veut que le fardeau du travail soit pour ainsi dire retiré à l'élève et pèse au contraire sur le maître.

L'enseignement est brillant et divers, la curiosité de celui qui apprend sera sans cesse excitée ; toute la tension d'esprit et d'énergie est pour celui qui enseigne. L'ancien système avait des défauts, mais il développait la volonté tenace ; quelques obstacles ne font que du bien ; on s'efforce trop de les écarter du chemin de toutes ces jeunes filles éprises de hautes études. Certes il n'y a pas à nier les bons résultats obtenus par l'instruction secondaire préparatoire à l'Université ; de nouvelles voies d'action se sont ouvertes aux jeunes filles en même temps que la science et les mathématiques. N'a-t-on pas exalté cependant un peu trop l'importance du succès ? Ils prouvent que ces demoiselles sont capables de profiter de la même éducation qui est donnée à leur frère : mais, la preuve étant faite, qu'est-ce qui s'ensuivra ? Après un

SECONDE PARTIE

quart de siècle d'expérience, pouvons-nous vraiment nous flatter d'avoir réalisé le développement parfait de la féminité ? Sinon, tout est à reprendre, car le but qu'on se propose n'est pas de faire de la jeune fille purement et simplement une rivale, même une rivale victorieuse de son frère. Elle n'est pas un homme incomplet ; elle est autre, elle est femme. Et les parties essentielles d'une éducation de femme ne se trouvent peut-être pas toutes dans le programme de ses études actuelles, si surchargé qu'il soit. L'idéal de l'avenir doit être une éducation physique, morale, intellectuelle, qui produise d'abord la meilleure des femmes et secondairement l'étudiante d'université. Le type actuel de la jeune fille n'est pas pour nous satisfaire sans réserve ; il semble que certains objets qui ne sont pas de premier ordre aient absorbé une somme excessive de son temps et de ses efforts. Mieux vaudrait en consacrer davantage aux études littéraires et historiques, entrer en rapports plus étroits avec les grands esprits du passé, se pénétrer enfin de tout ce qui peut, mieux encore que les sciences mathématiques, former des épouses et des mères.

En Allemagne, l'instruction secondaire des femmes est de fait fort contrariée. Les Universités ne les repoussent pas, à l'immatriculation près, pourvu qu'elles aient passé l'examen préalable appelé *Abiturium*, auquel prépare le gymnase. Or, les moindres villes possèdent des gymnases de garçons, mais on n'eût pas rencontré, il y a six ans, une seule école où les filles pussent apprendre le latin, le grec, les mathématiques exigés pour cet examen obligatoire. La société *Verein Frauenbildung Frauenstudium,* qui a ses branches dans douze villes et déjà 800 membres, travaille à modifier cet état de choses, prête à soutenir pécuniairement les gymnases qui naissent peu à peu. Il y en a quelques-uns dans le pays de Bade, en Wurtemberg, à Munich. Des *Gymnasial-Kurse*, qui préparent en quatre ans à l'*abiturium*, se sont ouverts aussi, depuis 1893, dans plusieurs villes, principalement en Prusse et en Saxe, où les gymnases de femmes sont interdits.

Jusqu'en Turquie, il existe maintenant pour les filles une instruction primaire, secondaire et supérieure, ce qui ne veut pas dire que ces deux derniers titres correspondent encore à de bien sérieuses réalités. Mais, depuis que la première école normale, fondée à Stamboul sous Abdul-Aziz, forme des filles pauvres à la carrière

Thérèse Bentzon

de l'enseignement, qu'elles vont ensuite exercer dans l'intérieur, un vif désir de culture intellectuelle s'est répandu parmi les dames turques. Plusieurs d'entre elles écrivent, et surtout elles se font professeurs, portant des leçons à domicile et remplissant un rôle de pionnier dans l'ordre des idées.

Ce n'est jamais qu'un nombre relativement petit de jeunes filles qui passe de l'instruction secondaire à l'Université. Des rapports très remarquables sont lus par des Allemandes, des Scandinaves, des Anglaises appartenant à cette élite. Intéressant entre tous, celui d'une des trois premières étudiantes de Girton College, miss Innes Lumsden, attachée aujourd'hui à l'Université de Saint Andrews en Ecosse. Nous voyons qu'après tout la France accorde plus de privilèges aux étudiantes en médecine et en droit que n'en octroie la Grande-Bretagne, où hommes et femmes ne sont reçus sur un pied égal que dans les toutes nouvelles Universités du Nord et du pays de Galles ou bien en Ecosse ; il n'en est pas de même à Oxford et à Cambridge ; pourtant, sans pouvoir être admises à recevoir le degré, elles passent tous les examens, et on sait quels succès éclatants elles ont remportés ces dernières années.

Mais chez nous seulement on peut dire que les femmes ont, par rapport à l'enseignement d'université, tous les mêmes droits que les hommes, presque sans exception. C'est une Allemande qui vient nous le prouver, le docteur Käthe Schirmacher, à qui l'on doit déjà une excellente monographie sur la condition des femmes dans les différents pays.[1] De 1875 à 1888, 362 femmes, dont 55 étrangères, ont pris en France leurs degrés universitaires. Les statistiques fixent le nombre de nos étudiantes à 817 contre 28 264 étudiants. Dans la seule Université de Paris, il y a 245 femmes : 87 étudient la médecine, 53 la pharmacie, 37 suivent les cours de la Faculté des lettres, 18 ceux de la Faculté des sciences, et deux étudient le droit. Beaucoup de Françaises, se destinant à l'enseignement des langues étrangères, concourent ou allemand, anglais, italien, espagnol ou arabe pour le certificat d'aptitude ou pour l'agrégation.

Mlle Käthe Schirmacher fait ressortir la différence avec les étudiantes d'Allemagne, contre lesquelles le gouvernement soulève des obstacles de toute sorte. Depuis 1890, cependant, elles <u>sont admises aux</u> facultés de philosophie des deux Universités

1 Librairie A. Colin.

SECONDE PARTIE

badoises : Heidelberg et Fribourg. On comptait 469 étudiantes en 1898, mais leurs privilèges sont de vingt ans en retard sur ceux des Françaises, outre qu'ils ont de beaucoup plus étroites limites, limites apparemment injustifiables dans un pays où 40 pour 100 des femmes doivent gagner leur vie en travaillant. On alléguera que depuis une dizaine d'années la situation s'améliore pratiquement de jour en jour ; mais, au point de vue légal, elle n'est nullement satisfaisante. Les Allemandes sont réduites aux faveurs et aux concessions, arrachées une à une ; elles n'ont pas de droits.

En Russie, l'initiative prise spontanément par Mme Conradi, Mlle Stassoff et quelques autres dames décida de l'admission des femmes à l'enseignement supérieur. L'idée d'une université de femmes réussit dans toute la société cultivée ; dès la première année, 900 personnes souscrivirent aux conférences qui, en 1870, commencèrent à Saint-Pétersbourg. Ce fut là le début d'un mouvement auquel s'intéressa ensuite le gouvernement lui-même. Afin d'empêcher l'exode de beaucoup de jeunes filles qui émigraient vers les universités étrangères, il consentit à autoriser l'instruction supérieure des femmes : mais celles-ci, arrivées à la fin des cours, que soutenaient uniquement des subventions particulières, n'avaient qu'une ressource : devenir maîtresses d'école primaire ou secondaire, ou bien encore : diriger des écoles professionnelles. En 1886, interdiction fut faite par le ministre de l'Instruction publique d'admettre aux cours aucune étudiante nouvelle sous prétexte que cette question devait être examinée à nouveau par une commission spéciale. Trois années s'écoulèrent avant que deux Facultés ne se rouvrissent officiellement aux femmes.

Dans les pays Scandinaves, où l'enseignement universitaire est commun aux deux sexes, avec un parfait consentement de l'État et de la société, il ne semble pas que cette liberté engendre le moindre abus. Elle forme un contraste frappant, avec les répressions russes et l'opposition brutale qui s'est manifestée en Allemagne, tant du côté des professeurs que de la part des étudiants. L'Université est accessible aux femmes en Danemark depuis 1875, et cependant 156 étudiantes en tout ont reçu leurs diplômes. Elles ambitionnent généralement celui qui ouvre aux hommes la carrière de l'enseignement supérieur dans les écoles publiques ; ce n'est pour elles, au surplus, qu'une attestation de mérite, l'instruction

Thérèse Bentzon

supérieure des filles se poursuivant dans des écoles particulières. Le féminisme ne semble donc pas très avancé dans ce sage et paisible petit pays ; mais en revanche le sentiment de la liberté individuelle y est beaucoup plus développé que chez sa puissante voisine la Prusse, de sorte que ceux-là mêmes qui auraient peu de sympathie pour la question complexe des droits de la femme estiment qu'en tant qu'individu, celle-ci peut essayer tout ce qu'elle veut. En Autriche, l'éducation supérieure des femmes a la haute approbation de l'Empereur ; en Italie, l'éducation publique des filles ne diffère pas de celle des garçons ; c'est-à-dire qu'après avoir reçu la même éducation primaire, la jeune fille peut à son gré aborder l'école supérieure des filles, l'école professionnelle ou le gymnase, et ensuite les cours libres de l'université.

De cette revue des diverses universités européennes, il résulte, en somme, que les barrières seront renversées dans un délai plus ou moins long. Il n'y a qu'à prendre patience, selon l'admirable conseil de miss Lumsden, qui, reléguant à leur rang les diplômes et autres distinctions dont la seule valeur est d'aider pratiquement dans la bataille de la vie celle qui les possède, rappelle qu'au fond il s'agit pour les étudiantes d'apprendre, le savoir étant « premier et non second, » selon le mot de Tennyson ; apprendre et se montrer fidèle aux antiques traditions de dévouement désintéressé envers la science, à la simplicité de la vie, à la pureté des intentions, à la poursuite constante d'un but moral. Voilà l'essentiel ; jeter le poids de l'influence féminine dans le bon plateau de la balance, protester contre les côtés méprisables d'une prétendue civilisation : vanité, amour-propre, ambitions vulgaires de toute sorte. Ce sera là vraiment aider les universités à accomplir leur tâche la plus noble. Pour le reste on peut attendre.

Lecture est encore faite de rapports curieux sur les universités des colonies anglaises. Le Canada, si conservateur qu'il soit, compte depuis dix-sept ans des bachelières et des licenciées. En 1884 l'Université Mac Gill, à Montréal, celles de Toronto et de Dalhousie, ont ouvert leurs cours aux femmes en partie ou tout entiers. Les autres collèges ont suivi cet exemple, sauf les Universités catholiques. Jusque dans les colonies de l'Afrique du Sud, il en est de même.

J'ai gardé pour la fin les plus célèbres des universités de femmes,

SECONDE PARTIE

celles qui s'imposent entre toutes à l'attention du monde, les universités américaines. On en apprendra plus à leur endroit que par toutes les discussions du Congrès en lisant la monographie si judicieuse et si complète sur *l'Education des Femmes* que miss Carey Thomas, présidente de l'Université de Bryn Mawr, a envoyée à notre Exposition universelle.[1] Sur l'ensemble des Universités des différents États, 80 pour 100 d'entre elles admettent des femmes, exclusion faite des collèges catholiques. Les universités féminines indépendantes, issues entre 1870 et 1890 de donations particulières, forment trois groupes, distincts par rang d'importance : — en première ligne, les quatre grands collèges de Vassar, de Smith, de Wellesley et de Bryn Mawr ; auprès d'elles, une première université catholique pour les femmes, Trinity college, s'est récemment ouverte à Washington.

Il y a cinq universités de femmes affiliées aux universités masculines, un peu à l'exemple d'Oxford et de Cambridge ; les deux principales, Radcliffe et Barnard, s'appuient sur les Universités de Harvard et de Columbia.

Mais partout, excepté à l'Est et au Nord, la coéducation domine. Le dernier rapport de la commission d'éducation aux. États-Unis, 1896-97, établit que plus de 15 000 femmes étudient dans les universités mixtes ; elles sont au moins 37 000, si l'on compte les écoles professionnelles soumises au même régime. Ces chiffres, considérables prouvent d'abord, comme se hâtent de le dire les Américaines elles-mêmes, devançant adroitement la critique étrangère, qu'un nombre excessif d'institutions médiocres porte aux États-Unis le nom trop ambitieux d'Université, mais il n'en est pas moins évident que des milliers de jeunes gens des deux sexes travaillent côte à côte sans qu'on y ait trouvé d'inconvénient, puisque nulle part on n'est jamais revenu sur l'adoption de ce système. Toutes les universités d'État admettent maintenant les femmes. Il n'y a de différences que pour le genre de vie : tantôt les étudiantes demeurent en ville, comme à l'Université de Michigan, tantôt dans les bâtiments qui leur sont attribués par l'université, comme à Chicago ou à Cornell. De très bons juges affirment que la coéducation procure aux femmes une vie plus normale que ne le

---

1 Department of education for the United States Commission to the Paris Exposition of 1900.

Thérèse Bentzon

ferait l'isolement entre elles. C'est d'ailleurs, dans l'Ouest surtout, la simple continuation du régime de l'école. Mais, pour ce qui concerne la coéducation durant toutes les phases de cette école elle-même, la discussion devient très vive au Congrès international de Londres. Une dame déclare que l'être humain idéal n'est pas nécessairement homme ou femme. La part que les deux sexes ont en commun étant la plus noble, on doit précieusement la maintenir. Est-ce-que dans chaque famille filles et garçons ne sont pas mêlés ; pourquoi contrarier l'ordre de la nature ?

— Mais, reprend une autre, la nature elle-même suscite une réserve instinctive entre enfants de différents sexes à mesure qu'ils grandissent, réserve à laquelle s'ajoute chez les garçons un dédain habituel pour ce qui est du domaine des filles. Ceci peut servir d'argument en sens contraire.

Une considération en faveur des écoles mixtes, c'est le besoin, urgent à notre époque, de créer entre garçons et filles cette camaraderie harmonieuse et fraternelle qui exclut généralement des émotions plus tendres. A cela on répond que, quoique égaux en dignité, en importance, même en valeur intellectuelle, l'homme et la femme diffèrent en leurs modes d'activité mentale, chacun des sexes ayant des caractéristiques qui doivent être préservées par une éducation différente.

La Suisse est pour la coéducation ; elle admet que l'imitation d'un sexe par l'autre serait fort regrettable, mais il n'y a pas à craindre que les jeunes filles persistent dans l'affectation passagère d'allures masculines. C'est là un travers dont se gardera la femme nouvelle, lorsqu'elle aura dépouillé le préjugé, tenace encore, de l'enviable prééminence de l'homme. La question est celle-ci : comment l'intelligence féminine peut-elle être le mieux cultivée ? Faut-il la reléguer dans un temple, même brillamment éclairé, ou bien ramener à la lumière du jour pour jouir librement du soleil ? Une éducation séparée place l'enfant dans un monde factice, composé de ses pareils seulement, et ne le prépare que théoriquement aux associations futures. La Norvège est de l'avis de la Suisse, parce qu'avec la co-éducation l'école rappelle mieux la vie de famille ; parce que les écoles séparées ont une tendance à développer les défauts particuliers à chaque sexe ; enfin parce qu'elle veut que l'enfance soit joyeuse, et qu'une maison sans mère ne l'est jamais.

SECONDE PARTIE

Mais tout dépend de l'esprit de l'école, du choix des professeurs appartenant aux deux sexes. L'impulsion donnée est tout : l'excellence ou l'infériorité de l'école en résulte.

La Suède et la Finlande veulent aussi que l'école ne se propose plus de former, comme elle faisait autrefois, des hommes d'un côté, des femmes de l'autre, mais de développer un type d'humanité aussi élevé que possible. Les seules réserves qu'imposeraient de bons juges en ces matières sont pour les adolescents, de treize à dix-huit ans. Jusqu'à leur douzième année, les petits garçons et les petites filles gagnent à être réunis ; la rencontre des jeunes gens à l'Université ne paraît offrir aucun inconvénient, mais il y a un âge de transition où le rapprochement des sexes doit être évité. On est de cet avis dans les parties de l'Amérique qui ressemblent le plus à notre vieille France ; et celle-ci fera bien de se rappeler que le fonctionnement admirable de la co-éducation dans l'Ouest des États-Unis ne convertit pas à ces méthodes les États moins neufs de l'Est.

Il semble cependant, à entendre discourir chez nous les partisans de l'école mixte, que ce soit là une panacée souveraine. Les Anglais, qui en ont de prudents essais, leur diraient qu'il ne suffit pas toujours d'élever ensemble des garçons et des filles pour réformer les mœurs. Nous ne sommes ni des Américains, ni des Scandinaves, ni des Suisses, et, seules, quelques-unes de nos écoles primaires de village, dans les régions lointaines et primitives où elles existent encore, peuvent affronter impunément ce régime contraire à nos préjugés, à nos usages et à notre tempérament.

Laissons l'Amérique se vanter, en attendant qu'elle vieillisse à son tour, d'être le champ le plus favorable à tous les genres d'expérimentations, et bornons-nous à suivre du regard ces tentatives dont le péril même nous intéresse, dont la naïveté nous fait quelquefois sourire. D'ailleurs l'Amérique elle-même ne se hâte pas de détruire ce qu'elle possède sous prétexte de le perfectionner. C'est à très juste titre que ses écoles publiques sont considérées comme l'un des plus puissants instruments de la démocratie ; aussi les méthodes nouvelles sont-elles essayées à côté, de manière à ne rien ébranler avant l'heure. Par exemple, l'école dite de l'Ouvrier, fondée à New York en 1878, se charge de pousser vers des spécialités appropriées à leur goût les enfants, de quelque situation sociale qu'ils soient, qui ne montrent pas de dispositions scientifiques ou littéraires. Chez chacun existe un filon précieux qu'il peut réussir à exploiter, pourvu qu'on l'aide d'abord à le découvrir.

Autre invention toute neuve : les écoles de vacances, qui procurent des occupations récréatives aux enfants pauvres pendant le temps qu'ils passeraient à vagabonder en oubliant ce que leur enseigne l'école le reste de l'année. On les fait jardiner, on leur apprend au moyen d'excursions dans la campagne la géographie locale, les rudiments de la géologie et de la botanique, on les habitue à se fabriquer des jouets, à devenir adroits de leurs mains.

Ce qui est intéressant, c'est la part prise par la femme aux réformes proposées tant en Angleterre qu'en Amérique. Les congressistes ne se lassent pas de le répéter : le monde en général a été partout, jusqu'ici, un monde d'hommmes où dominaient les méthodes masculines, les qualités masculines bonnes et mauvaises, un idéal masculin : la femme est appelée enfin à dire son mot, et ce ne sera certainement pas en pure perte. Dans les écoles professionnelles, pour commencer, son assistance est sans prix. La Grande-Bretagne doit à ces écoles d'avoir, depuis vingt-huit ans, réhabilité chez elle la science domestique trop longtemps tenue en discrédit. L'Allemagne a, elle aussi, ajouté renseignement technique aux aptitudes naturelles de ses filles pour tous les travaux de l'intérieur. En Belgique, ce même enseignement prospère, créé par l'initiative privée, puis encouragé par le gouvernement ; en 1883, il n'existait que deux écoles ménagères avec 90 élèves ; en 1898, leur nombre s'était élevé à 545, fréquentées par plus de 9 000 jeunes filles.

Je parlais tout à l'heure de l'éducation universitaire au Canada ; mais 7 pour 100 tout au plus des élèves de l'école publique montent jusqu'aux études supérieures, Restent 93 pour 100 qui, sagement, se tournent vers l'éducation manuelle.

La Suède se glorifie de ses *Arbetsstugor*. Le premier fut fondé (1887) par *fru* Hirta Reytius, qui explique son fonctionnement au Congrès, À présent toutes les paroisses en ont un. C'est l'œuvre de prédilection des dames suédoises. Les enfants y apprennent divers métiers simples.

Deux fois l'an, les objets fabriqués sont vendus dans une espèce de bazar, grâce aux dons volontaires, aux contributions de la

SECONDE PARTIE

paroisse ou de la municipalité, quinze cents élèves sont, après douze ans d'expérience, éduqués et nourris dans les Arbetsstugor de Stockholm. La Suède oppose avec fierté cette année d'enfants pauvres disciplinés aux jeunes criminels des autres pays. L'assistance à la classe n'est pas obligatoire, mais ils viennent assidûment et de bon cœur, l'amour du travail se développant chez eux de plus en plus.

L'école, en ce cas, supplée souvent à la famille ; elle est la collaboratrice de l'Église ; elle se propose surtout de préparer à la lutte pour l'existence des âmes saines dans des corps sains.

Peut-être devrait-on, en revanche, reprocher parfois leurs programmes trop ambitieux à des écoles qu'il est impossible de passer ici sous silence, tant est important le rôle que les femmes y ont joué comme éducatrices : les écoles fondées aux États-Unis pour la classe de couleur. Après de longs siècles de barbarie et deux cent cinquante ans d'esclavage en Amérique, la race noire, au lendemain de la guerre civile, reçut le bienfait de l'instruction. Alors il n'y avait pas une négresse sur 4 500 000 qui fût capable de signer son nom. Une loi défendait à l'esclave de s'instruire. Côte à côte avec les hommes et les enfants, les femmes apprirent à lire, et aujourd'hui 2 500 000 élèves de couleur fréquentent les écoles du Sud, 35 000 professeurs sont sortis des diverses Universités à leur usage.

Sur ce chapitre de l'éducation, il me faut à regret laisser de côté plus d'un passage intéressant, par exemple « les avantages et les inconvénients des examens, » « les bienfaits de l'éducation physique, » dont le souci a fait surgir en Suède un système de gymnastique universellement, répandu et professé avec succès par les femmes.

Je suis heureuse de pouvoir citer, à propos de la discussion sur l'éducation du personnel enseignant dans les différents pays, l'excellent rapport de Mme Marion, directrice de notre école de Sèvres. Elle a relevé comme il convenait le mot de *training*, qui est revenu plus que tous les autres, revenu jusqu'à satiété, dans les différents discours. Ce mot, qui s'applique à la fois en Angleterre à la préparation d'un professeur, au dressage d'un cheval et à rentrai ne ment d'un jockey, est intraduisible en français, parce qu'il ne

Thérèse Bentzon

représente rien de ce que nous avons en France. Pour nous, dit Mme Marion, ce *training* du futur professeur m ; se compose pas des différents procédés par lesquels les élèves s'instruisent sur des points techniques... Ce que nous appelons ainsi, c'est le but supérieur de toute étude, le pli donné à l'esprit, non pas pour le plaisir d'apprendre en lui-même ou la seule recherche de la science, mais avec la pensée constante de guider et de former un jeune esprit, le dressage moral, si vous voulez, opposé au dressage technique.

Avec beaucoup de tact, Mme Marion a démontré, sans comparaison désobligeante, que le système de l'éducation des filles en France repose surtout sur la nécessité de les laisser dans l'atmosphère de la famille où elles sont initiées tout naturellement aux devoirs et aux occupations de la vie, d'une vie de femme sérieuse et utile. Elle a donné de l'Ecole de Sèvres, sur laquelle son influence doit certes être des meilleures, une idée très haute en exposant combien y est développé avant tout le sentiment de la responsabilité, l'habitude de penser d'une façon personnelle et indépendante. L'éducation de ces jeunes filles qui se destinent à renseignement ne s'accomplit pas par des leçons, mais dans tous les actes de la vie, conversations et amusements compris. En repoussant avec énergie le préjugé trop répandu sur l'indifférence ou même l'hostilité que rencontrent dans nos écoles les questions religieuses, Mme Marion a non seulement édifié les étrangères sur un point capital, mais rassuré beaucoup d'entre nous qui avions besoin d'entendre ses affirmations formelles sur l'esprit de tolérance régnant à l'Ecole de Sèvres, tolérance étroitement liée à une fermeté de principes qui n'exclut pas d'ailleurs le respect de l'opinion d'autrui.

V. — DROITS POLITIQUES

Mais les droits de la femme proprement dits, droits civils, droits politiques ?... Eh bien ! il résulte des rapports du Congrès que les incapacités civiles qui, la plupart du temps, faisaient d'elle une mineure sont en train de disparaître. Avant que la loi de 1870 lui assurât ses gains professionnels, la femme anglaise avait les mains liées autant qu'aucune autre, et déjà elle est arrivée à s'affranchir sur tous les points essentiels. De même en Russie, les femmes, longtemps soumises à un esclavage quasi oriental, possèdent aujourd'hui des privilèges supérieurs à ceux de leurs pareilles d'Occident ; elles ont sur la propriété commune les mêmes droits que leur mari et sont généralement favorisées en cas de séparation. La législation civile en Allemagne vient de subir de grands changements : jusqu'en 1900, il y avait non seulement des lois spéciales pour chaque partie de l'Empire, mais des lois locales pour les divers districts, pour les différentes villes. Le nouveau Code assure aux femmes quelques-uns des droits qu'elles, réclamaient, particulièrement en ce qui concerne la tutelle des enfants et des incapables, qui, ne fussent-ils pas de leur famille, peuvent leur être confiés par les parents et par les tribunaux.

Aux États-Unis, en Angleterre, en Hongrie, en Russie, en Scandinavie, dans quelques parties de l'Autriche, la complète séparation de biens est admise comme loi de la propriété des femmes mariées. En France, la femme majeure et célibataire est légalement, sinon de fait, aussi bien partagée que l'homme adulte. Il est vrai que, mariée, sa situation est beaucoup moins avantageuse. Mais une loi récente l'autorise à figurer comme témoin dans les actes civils ; une autre loi, ébauchée tout au moins, et cela grâce à l'active intervention d'une femme. Mme Schmahl, va lui permettre de toucher le produit de son travail personnel et d'en être seule maîtresse. On voit poindre le temps où la femme, sans révolution appareille, jouira de ses droits civils, pourvu qu'elle sache attendre, se borner aux réformes qui sont dans l'air, selon la très juste expression de Mme d'Abbadie d'Arrast, membre du comité de notre Congrès des œuvres et institutions féminines, qui n'inscrivit dans son programme rien de chimérique ni même de trop ambitieux, se tenant, sauf exception rare, à des questions que déjà l'opinion est bien près d'accepter et qui, en tout cas, ne sont en opposition ni avec les usages ni avec les mœurs. C'est dire qu'il a laissé de côté les droits politiques. Au Congrès international de 1899, comme au Congrès de la condition et des droits de la femme qui vient de se clore à Paris, les droits politiques, au contraire, furent énergiquement revendiqués. La présence à Londres d'une des grandes agitatrices qui, depuis près d'un demi-siècle, plaident

Thérèse Bentzon

en Amérique la cause du suffrage vraiment universel, la vénérable Susan Anthony, contribuait à exalter les esprits. L'exemple de l'Amérique est en effet de nature à justifier toutes les espérances les plus hardies. Lorsqu'en 1848 les femmes y prirent la parole dans la fameuse conférence de Seneca Falls, la foule les traita d'insensées ; du liant de la chaire, les prédicateurs tonnèrent contre elles ; et pourtant, aujourd'hui, dans vingt-cinq États les femmes ont voix délibérative aux conseils de l'instruction publique ; dans quatre, aux conseils locaux ; dans un État, elles ont le suffrage municipal, et dans plusieurs, un vote en matière d'impôts ; dans quatre États enfin, elles ont le suffrage complet.

Rien de tout cela n'a provoqué de tremblement de terre ni troublé la paix de la famille. Pourquoi n'en serait-il pas de même dans le reste du monde ?

Parce que tous les pays du monde ne se ressemblent pas entre eux ; parce que les lois doivent suivre les mœurs. Dans la Nouvelle-Zélande, les électeurs en jupes ne font pas plus mal leur métier que les électeurs barbus, soit. Reste à savoir si la France, l'Allemagne et l'Italie sont organisées sur le patron de la Nouvelle-Zélande. L'Angleterre elle-même ne se croit pas obligée d'imiter ses colonies australiennes, bien que leur population blanche ressemble beaucoup à celle de la mère patrie ; non, elle est placée dans des conditions différentes et en tient compte. L'Angleterre, cependant, accorde aux femmes le droit de voler sur le même pied que les hommes dans les conseils de paroisse, sortis, au point de vue séculier, des anciens conseils de fabrique, dans les conseils de districts, les conseils scolaires, etc. Et non seulement les femmes votent, mais elles peuvent être candidates à l'occasion et même présider. En Ecosse, elles ont cinq voix dans les conseils municipaux et une voix dans le conseil de l'instruction publique. Mais tout cela est un héritage de l'antique loi commune, si profondément anglo-saxonne ; tout cela, tient au passé par des racines solides ; et il ne semble pas que ces droits soient près de s'accroître.

En Amérique même, il ne faudrait pas croire que le scrutin fût réellement réclamé, par la majorité des femmes. La preuve, c'est qu'au Congrès international de Londres, au milieu d'une très vive désapprobation, il est vrai, lecture a été donnée de la protestation du parti anti-suffragiste. Cette protestation venait des États-Unis

SECONDE PARTIE

mêmes ; depuis 1895, une majorité, silencieuse jusque-là, a jugé bon de manifester contre le groupe très éloquent et très zélé qui se portait garant des revendications de toutes les femmes. L'opposition est fondée sur les différences physiologiques entre les deux sexes. Les anti-suffragistes aspirent au développement aussi complet que possible de la femme en tant que femme ; elles veulent le partage égal de tous les privilèges, mais le scrutin n'est pas un privilège ; c'est une obligation qui entraîne certains services rendus à l'État, lesquels exigent la force physique qu'elles n'ont point. En méconnaissant ces lois de la nature, les femmes compromettraient gravement d'autres devoirs qui leur incombent et qui, dans la vie économique de l'État, ont une importance égale à celle des devoirs différents de l'homme.

Et la mère du mouvement féministe allemand, Louise Otto, tout en proclamant la nécessité du suffrage, faute duquel, à l'en croire, la femme n'arrivera que bien lentement, si elle y arrive jamais, à faire reconnaître ses droits, a insisté jusqu'à sa mort, récemment survenue, pour qu'une revendication prématurée ne fût pas soumise au Parlement. Elle y voyait un double péril : déchaîner la violence chez des hommes rompus depuis tant de siècles à l'absolutisme, et augmenter encore la timidité des femmes résignées à l'effacement depuis des siècles aussi.

Par bon sens d'une part, par prudence de l'autre, le mouvement est donc contenu des deux côtés de l'Atlantique. Ceci posé, il n'y a aucun inconvénient à souhaiter avec lady Henry Somerset qu'on fasse chez la femme l'éducation de la responsabilité. Elle en appelle aux grandes souveraines : Elisabeth, Marie-Thérèse, Catherine II, Marguerite d'Autriche, la reine Victoria. Elle en appelle surtout au Christ, qui fut le premier à placer hommes et femmes sur un terrain égal. Et elle s'écrie : « L'influence de la femme est en proportion de son attachement au christianisme, qui fut le vrai mouvement féministe. »

Qu'en disent telles lumières du parti, qui refusent même au christianisme d'avoir été un fait historique grandiose et bienfaisant ?

La dernière séance du Congrès de Londres finit sur cet élan de ferveur religieuse. On se souvient malgré soi d'un passage de Taine dans ses *Notes sur l'Angleterre*, justes aujourd'hui comme elles

Thérèse Bentzon

l'étaient alors. Parlant des ouvriers envoyés par les *trade-unions* aux élections pour haranguer le peuple, il les montre parfaitement libres de tout dire, pourvu qu'ils respectent l'Eglise, le clergé, le pasteur, pourvu qu'ils respectent la Reine, la constitution, la hiérarchie. — Il est très vrai que ceux-là mêmes qui n'ont d'autre religion que la religion de l'humanité sont encore respectueux dans leur agnosticisme, qui n'est pas une négation, bien moins une attaque aux croyances d'autrui. Voilà pourquoi nous souhaiterions que nos divers congrès de femmes envoyassent le plus de déléguées possible au prochain congrès international. Elles y acquerraient peut-être, par le contact et l'exemple des étrangères, les qualités essentielles dont on manque chez nous dans toutes les assemblées où se glisse la politique, — ces assemblées fussent-elles masculines.

La femme glorifiée de l'avenir nous apparaît sous les traits de la comtesse d'Aberdeen, présidant la grande réunion publique de l'arbitrage international dans un vaisseau immense, étincelant de lumières et paré de fleurs, au milieu des principales déléguées du Conseil et de tout ce que les amis de la paix comptent de plus éminent parmi les membres de la Chambre des communes et du clergé. Les chœurs religieux de Hændel et de Mendelssohn alternent avec un admirable discours de l'archevêque Ireland ; avec la lecture d'une éloquente adhésion envoyée au nom de l'Eglise catholique par l'archevêque de Westminster, le primat d'Irlande et le cardinal Gibbons, archevêque de Baltimore ; avec un message de la baronne de Suttner, celle avocate inspirée de la paix universelle ; avec un discours de Mrs May Wright Sewall, qui signale la protestation faite au président Mac Kinley par les femmes d'Amérique contre la guerre de Cuba, l'envoi d'une lettre de gratitude au tsar signée par 75 000 citoyennes des États-Unis, et enfin la sympathie exprimée à la Conférence de la Haye par 175 000 femmes du même pays. L'Amérique n'est pas seule à prendre la parole : l'Allemagne, la Norvège, la Hollande, ont chargé de leurs vœux Mmes Seleuka, Krog et de Waszkiewitz von Schilfgaarde ; des Italiennes de tout rang ont envoyé leurs « résolutions ; » Mme Cheliga se fait l'interprète des 600 000 membres de la *Ligue des femmes pour le désarmement international*, dont le centre est à Paris.

Et des lettres sont lues, chaleureuses, innombrables, et la musique

SECONDE PARTIE

des anges s'en mêle. Une jeune cantatrice canadienne chante à ravir *le Jour sans Fin*, la vision d'une cité céleste où le mal sera vaincu. Voilà la femme dans son rôle de tous les temps, dans son rôle idéal, celui que Gœthe attribue à l'éternel féminin. Rien n'y manque, pas même un reste de l'inconséquence traditionnelle, car, avant toutes choses, la constitution du Conseil international lui défend la propagande, de quelque nature qu'elle soit. Mais lady Aberdeen, appuyée sur le consentement unanime des conseils nationaux fédérés, juge que le mouvement de la paix a dépassé l'ère de la controverse. Elle déclare qu'un nouveau genre de patriotisme a commencé pour la femme ; celle-ci enseignera désormais à ses fils soldats qu'ils existent pour maintenir la paix, jusqu'au jour béni où nous n'aurons plus besoin d'armées. Hélas ! la touchante et poétique réunion de Queen's Hall, comme l'imposante Conférence de la Haye, devait aboutir à la guerre que l'on sait, à quelque chose de pis que la guerre, l'anéantissement d'une nationalité ; et, sans doute, pas plus que les Anglais, les Anglaises n'ont pardonné à la France l'indignation qu'elle en a témoignée, puisque, aux congrès tenus à Paris, elles se sont fait remarquer par leur absence. Ce sont là des inconséquences, je le répète, mais le bon grain est jeté néanmoins ; il lèvera dans une certaine mesure. Nous croyons, nous savons qu'aucune aspiration vraiment noble n'est perdue.

ISBN : 978-1539738817

Thérèse Bentzon